U0502624

极简成本赢利法则

[日] 梅田泰宏 —— 著　　刘江宁 —— 译

知らないとヤバい

「原価」と「黒字」の法則

中国科学技术出版社

·北　京·

图书在版编目（CIP）数据

极简成本赢利法则 /（日）梅田泰宏著；刘江宁译
. — 北京：中国科学技术出版社，2023.7
ISBN 978-7-5236-0180-8

Ⅰ. ①极… Ⅱ. ①梅… ②刘… Ⅲ. ①企业利润—研究 Ⅳ. ① F275.4

中国国家版本馆 CIP 数据核字（2023）第 058930 号

策划编辑	申永刚　褚福祎	责任编辑	褚福祎
封面设计	创研设	版式设计	蚂蚁设计
责任校对	邓雪梅	责任印制	李晓霖

出　　版	中国科学技术出版社
发　　行	中国科学技术出版社有限公司发行部
地　　址	北京市海淀区中关村南大街 16 号
邮　　编	100081
发行电话	010-62173865
传　　真	010-62173081
网　　址	http://www.cspbooks.com.cn

开　　本	880mm × 1230mm　1/32
字　　数	181 千字
印　　张	6.5
版　　次	2023 年 7 月第 1 版
印　　次	2023 年 7 月第 1 次印刷
印　　刷	河北鹏润印刷有限公司
书　　号	ISBN 978-7-5236-0180-8/F · 1141
定　　价	59.00 元

“成本意识”变得越来越重要!

简单说来，公司提高利润有两种方法：①提高销售额；②降低成本。

量入为出

自古以来就有“量入为出”的说法，但如今想要提高销售额并非易事。因此，我们就不得不想方设法地降低成本。据报告显示，日本被认为是在第二次世界大战后持续经历了很长的经济扩张期，在2018年10月已经达到了高峰。在此经济扩张期间，日本国民的个人收入并没有增加，个人消费也处于持续低迷的状态。因此这一时期也被称为**“无实际感受的经济扩张期”**，甚至日本在这之后进入了经济衰退的局面。“屋漏偏逢连夜雨”，在日本经济衰退之时，新冠疫情[①]发生了。在这样的经济环境下，**企业最需要的是加强成本管理**。如果企业在销售额没有增长的情况下，仍欲降价销售的话，那么其获得的利润就会减少。

了解成本，方得利润

确保利润的途径之一是适当管理成本和降低成本。无论是销售人员，还是总务、人力资源和财务等部门的人员，都需要具有强烈的“成本意识”。另外，这种状况在短期内不会发生改变。

那么，我们利用该意识对成本详细了解之后会得到什么益处呢?

---

① 现已改称新冠病毒感染。——编者注

能够准确定价或降低产品的价格

简单来说，产品成本加上厂家预期利润即为产品定价。如果我们能够了解产品的成本，那么便可以准确地制定出能够产生利润的产品定价。另外，还可以在销售市场中仔细判断产品降价到何种程度才不会影响到利润的产生。

能够有效地降低成本

成本是数个要素的集合体，而非一堆数据的胡乱组合。只要我们对成本进行了深入了解，就能够知道哪些要素的成本可以降低以及降低哪些要素的成本能够取得更高利润。这样一来，我们就能够更加有效地降低成本，而不是漫无目的地乱做一气。

能够在商业活动中创造赢利机制

如果企业能够准确地制定或降低产品价格并巧妙地降低成本，那么余下的任务便是提高销售额了。提高销售额并非易事，但其带来的益处却不言而喻。换言之，销售额越高，企业越能够顺利地获得更高的利润，从而在商业活动中建立起赢利机制。

清晰地理解各种商业活动的运作机制

我们只有在深刻了解成本之后，才能够明白人们常说的“大规模生产的优势”。同时，我们也能够简单易懂地向那些对其不甚了解的人进行说明。

另外，我们还可以从成本的结构中了解企业的劳动成本结构等，从而通过“成本意识”来提高企业的赢利能力。

只有在我们了解成本之后，才能够获得上述几点益处。

然而，“成本”一词可能会让大家联想到复杂的数字、公式以及各种烦琐的统计。

● 以讲故事的形式对成本进行通俗易懂地解释

在本书中，我们选择了一位十分重视成本收益但对成本知之甚少的女助理作为登场人物。我们要借助这一角色，以其比别人多一倍的好奇心为契机来向周围各位大人物们请教关于成本运作机制的知识。

交谈的对象共包含 8 人，他们分别是：总经理办公室主任、行政经理、财务经理、工厂厂长、人力资源经理、生产经理、副总经理和税务顾问。

在绪论部分，女助理主要向她的直属上司——总经理办公室主任请教了关于“何为成本”的问题。其中，总经理办公室主任详细为其讲解了“成本”、销售业的“采购成本”、制造业的“生产成本”以及企业的“销售成本”等概念。

在第 1 章和第 2 章中，女助理主要向行政经理和财务经理学习了关于“成本包含哪些具体内容”的问题。其中，两位经理为其详细地介绍了“材料成本”“人工成本”“活动经费”“直接成本”“间接成本”“销售成本及管理费用”，以及不构成成本的“非成本支出”等内容。

在第 3 章中，女助理在生产经理的指导下，按成本核算的顺序对整个成本概况进行了考察。在这一过程中，原本分散的成本通过若干个分类、统计、分配步骤变成了“单位成本”——每个产品所对应的成本。

在第 4 章中，我们将研究三种不同于一般成本核算的、根据特性而制定的计算方法。在本章中将为大家介绍用于控制成本的“标准成本核算”、用于未来计划和分析的“直接成本核算”以及有助于改善公司体制和预测利润的“盈亏平衡点分析”等。

第 5 章所讨论的主题是新的成本核算思维。它涵盖了可用于控制服务成本的“作业成本法”和运用该方法的“作业成本管理法”，以及成本核算制度之外的“机会成本”等内容。

本书是一本关于“成本”的科普书。这本书虽然不会让你学精成本核算，但至少可以让你对成本有一个大概了解。另外，各位读者们也能够从中得到关于成本管理，即控制成本和降低成本的启示。

最重要的是，这本书有助于读者树立或加强成本意识。我希望各位读者在阅读本书之后能够比以前更具有成本意识。

注册会计师、税务师梅田泰宏

目录

主要出场人物

故事发生在一家叫作“麦田面包”的中等规模烘焙食品公司。这家公司小有名气，且看起来似乎正处于赢利阶段。但实际上，它一直处于亏损状态。据一位公司内部人士透露，无视成本的销售方法是造成公司亏损的真正原因。身为副总经理助理的惠子在与生俱来的好奇心的推动下，不禁发问：“我们公司的成本收益太差了！难道就没有什么办法能够挽回这种局面吗？”毕竟如果这种状况一直持续下去的话，那么等到副总经理成为总经理的时候，他所面临的困难局面可想而知……

高井惠子：
副总经理的助理，一名在总经理办公室工作了三年的员工。她的口头禅是“这样的成本收益真的可以吗？”她以公司内部关于亏损原因的传闻为契机，开始关注公司的成本问题，并奔走于各部门之间刨根问底地打探信息。

副总经理：
总经理的儿子。他是销售部门的总负责人。虽然人长得帅，但是有些粗心大意。他秉承的观点是只要销售量大就足够了，因此总是不顾成本地去做销售推广和公关。

总经理办公室主任：
惠子的上司。他的主要工作是负责总经理（副总经理的父亲）的工作日程管理。

人力资源部门经理：
主要负责人力资源管理工作，同时也是公司内部反骚扰咨询室的负责人。

行政部门经理：
行政部门的管理人员，负责监管总经理办公室。在公司内部的绰号是“神”。

工厂厂长：
从一线成长起来的工匠。从副总经理出生就在这家工厂工作的老员工。

财务部门经理：
他的口头禅是“无失误，无遗漏”。每当期末结算之时，他的神色便如同恶魔一般。

梅田老师：
公司的税务顾问。同时他也会在其他方面提出指导性意见，是一位能够让人安心和备受鼓舞的老师。

生产部门经理：
一心专注于产品制造。他的兴趣是心理测试，喜欢试探对方的心理。

绪论

到底何为“成本”？

我要向总经理办公室的上司请教！

“狭义的成本”与“广义的成本”

只有用于生产和销售的费用才算作成本

主任，主任！您听说了吗？我们的下一任经理……不对不对，是我们的副总经理在董事会上被当众问责了？！

当众问责？没那么夸张吧！听说只是总经理向副总经理询问了公司出现赤字的原因而已。当众把自己的儿子训斥一顿真是个好主意呢，这样，总经理就不会受到董事会其他成员的攻击了。

副总经理真可怜啊，毕竟又不是他的错……我们公司的产品成本本来就很高啊！所以才会出现赤字啊！

嗯？你刚刚提到“成本”了呢！可见惠子你对“成本”很了解啊！

● 各种各样的成本

我们在日常的谈话中经常随意地使用“成本”一词。

例如，在我们表述“这个产品的成本很高”或者“这个产品的成本很低，但制作起来挺费工夫”的时候，经常会用到这个词。但很多时候，我们只是用“成本”一词来笼统地表示“费用”的含义，而并没有更深入地去思考其蕴含的意义。

然而，在商务场合中提到“成本”的时候，我们必须要先了解它的确切含义，然后才能正确使用这一概念。

咦？我说了什么奇怪的话吗？工厂里的同事都很自豪地说我们用的原材料质量很好呢！

果然不出所料啊！难道你认为成本指的就是原材料费用吗？

啊，难道不是吗？成本指的就是原材料费用吧？

当然，如果我们提到咖喱盖浇饭的成本时，它可能指的是原材料费用。比如，肉的成本是 ×× 日元[1]，土豆的成本是 ×× 日元，洋葱的成本是 ×× 日元，等等。

然而，惠子是在一家烘焙食品公司工作的。因此，除了小麦粉等原材料费用以外，在工厂中负责面包制作的工人的所得工资也要计入成本之中。

●“工夫”也算作成本吗?

从这层意义上来说，“产品的成本很低，但制作起来挺费工夫”这句话是错误的。

产品的制作越费工夫，劳动力成本也就越高，因而整体成本也会随之增加。

除此之外，烤面包时**所消耗的水费、燃气费、电费等各种费用也属于成本的范畴之内**。简而言之，面包工厂生产面包所产生的一切费用都属于成本。

啊！原来是这样啊！但即便因成本太高而导致公司出现赤字，那也不是副总经理的错啊！他只是负责统筹销售业务，又不是成本方面的负责人。

从狭义的成本角度来看是这样的，但是……

---

① 1日元≈0.05元人民币。——编者注

狭义的成本？难道还有广义的成本吗？

诚然，狭义的成本指的是工厂在制作面包过程中所产生的生产费用。

然而，公司为了销售面包就必须支付销售人员的人工成本、交通费、接待交际费等一切与销售活动相关的费用。

另外，面包的制作与销售不能单纯依靠生产部门和销售部门，还需要行政、人力资源和财务等部门的参与。

一些部门虽然不会产生原材料成本，但公司仍需要向其支付职工薪酬和种种事务经费。这些费用就是“广义的成本”。

因此，“广义的成本”通常也被称为“销售成本”及“管理费用”等（后文中有详细解释）。

面包的“成本”究竟包含哪些要素？

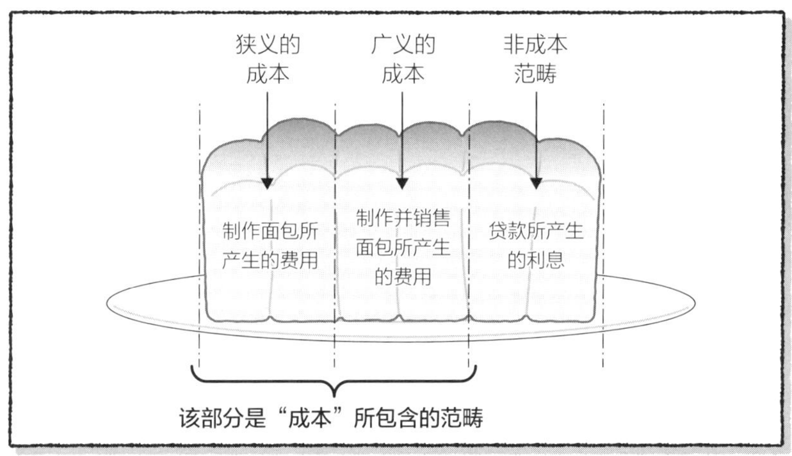

如此说来，公司所产生的一切费用都要归入广义的成本之中吗？从广义的角度来看，成本不就等同于“费用”吗？

也不是这样的。比如，前段时间公司曾向银行贷款购入了一批烤箱，对吧？那么，这些贷款所产生的利息就不属于成本的范畴之内。

一般想来，由贷款所产生的利息似乎是构成成本的要素之一，但事实上并非如此。

● 原来由贷款所产生的利息不包含在成本之中啊！

对于企业而言，贷款利息同其他的费用一样都是企业必要的开支，但是它却不包括在成本的范畴之中。**贷款的目的是让公司的资金更好地周转，而与面包的生产和销售没有直接的关系。**

增加烤箱虽然与面包的制作与销售有一定的关联性，但与资金的来源无关。

如此说来，除去贷款利息以外的其他费用部分就是广义上的成本。那么作为销售部门负责人的副总经理也要对由此造成的企业亏损负责任吗？

是的。毕竟现在企业所面临的问题是销售亏损。

什么是“销售亏损”啊？

销售利润出现赤字的现象被称为“销售亏损”。

● 粗略地对“销售利润”进行解释说明

简单来说，所谓“销售利润”是指销售额减去狭义的成本和广义的成本之后所剩余的利润。

什么乱七八糟的！这解释也太简单了吧！

在这一概念中，销售额部分并不包括企业在主营业务之外进行投资所产生的利润，而成本部分也不包括企业因遭受灾害所产生的临时损失等。

企业的主营业务处于亏损状态，这真不是一件好事。嗯，这必须得请副总经理想想办法了。

主营业务出现亏损会令事态更为棘手

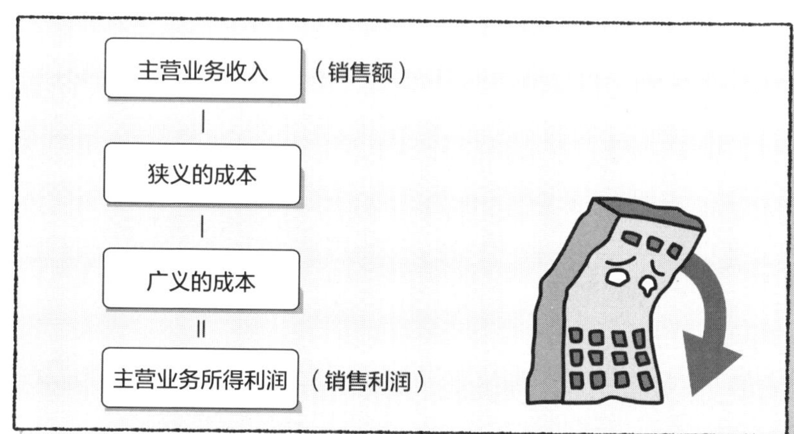

还要请你在这方面多多帮助副总经理啊！

一定！不过话说回来，主任您真的是什么都知道啊！明明您的工作内容和成本管理并没有什么直接关系……

我跟着总经理一起工作，无形之间就会学到很多知识。这也是身为助理要掌握的常识吧！哈哈！

所以您想说的是我还不具备作为助理的常识吗？

不，那个，那个……这是哪儿的话！你不要过度解读我所说的话啊！你是一个待人真诚热情的人！

哦，这算是您对我的表扬吗？

我们公司采用的是“采购成本”还是“生产成本”？

销售业的狭义成本与制造业的狭义成本不同

太棒了！我感觉内心深处燃起了熊熊的求知欲！主任，请您再多给我讲一些关于成本的知识吧！

好，那我再给你讲解一下关于狭义成本的基本知识吧！对了，惠子，你是以应届毕业生身份进入公司的，所以你只对咱们企业这种制造业公司有所了解，对吗？

实际上，我在读书时期还当过一个时尚杂志的“读者模特”①，也曾经在热海太阳海滩拍过写真呢！

好吧，让我们暂时先把这个问题放在一边。在一些非制造业的公司，如零售商或批发商等销售业公司中，其狭义上的成本相当简单易懂。

啊！我被无视了……哎，算了吧！不过您说得有道理，因为他们进货的价格就是成本。

且慢！事情可没你说的那么简单！

① 读者模特，是指普通读者担任模特。他们中的大多数人并非专业模特，而是不属于任何演艺经纪公司的业余爱好者。读者模特多出现在时尚特辑的街头抓拍、介绍化妆技术和发型的栏目中。——译者注

嗨？为什么忽然发出这种语气？好像是在进行相扑比赛[①]一样。咱们公司也在经营面包批发业务，那也属于批发商吗？[②]（嘿嘿，我稍后会把这段话作为“职场资深人士语录”发布在社交媒体上，或者……）

销售行业“采购成本”的计算方法

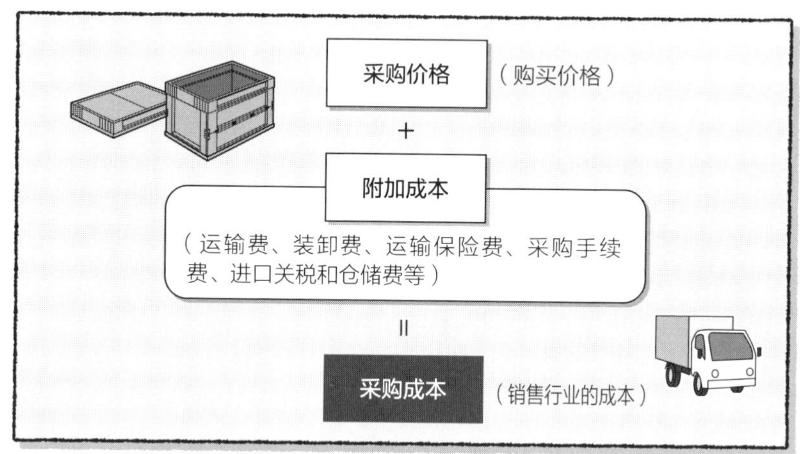

---

① 在原文中，总经理办公室主任采用了“ドッコイ”的说法。“ドッコイ”在日语中的含义包括：（1）用力时或搬运重物时的吆喝声，（2）阻止对方言行时的感叹词，（3）指相扑甚句的呼叫声，即在相扑表演赛吟唱相扑甚句之时，周围其他力士在途中以及最后所哼唱的词。在此处，男方所用的“ドッコイ”是“且慢”的意思，而女方则误认为其发出的是相扑甚句的呼叫声。——译者注

② 在原文的上一句话中，男方采用了“問屋が卸さない”的说法。“問屋が卸さない”是日语中的一句谚语，其含义为“没那么便宜，事情不会那么称心如意”。在这句话中，“問屋”是“批发商”的旧式说法。从字面意思上看，这句话的含义为“批发商不把商品批发给客户”。这句谚语的语源来自江户时代的批发商体系。江户时代的批发商为了维护自身利益，有时同其他各批发商共同决定商品的批发价格。因此，即使顾客要求他们降低价格，他们也不会按照零售商的要求来批发商品。从不能以顾客方所期望的价格进行批发这一角度出发，便采用该说法来表示事物的发展不会一帆风顺等含义。在这里，女方故意从字面的意思出发来理解，以达到揶揄男方的目的。——译者注

● 采购成本看似通俗易懂，实则错综复杂

在销售类企业中，其狭义的成本被称为“采购成本”。或许会有不少人认为“采购成本”就是商品的购买价款。

其实，企业在采购过程中会承担除采购价格以外的诸多费用。例如，**运输费、装卸费、运输保险费、采购手续费、进口关税等**。

此外，在采购环节结束之后还需要对货品进行整理和库存保管。这些费用被称为采购的“附加成本”。

采购成本则是指商品的购买价款（采购价格）与这些附加成本之和。

这是一个比较简单纯粹的采购成本核算方法。那么，对像我们这样的制造公司来说，狭义上的成本就……

简单说来，就是制作面包所需成本的总和，对吗?

按照你的说法，听起来的确很简单。但实际情况要复杂得多!

在制造业公司中，制造产品所产生的成本被称为“生产成本”。生产成本虽然是狭义上的成本，但其范围却并不小。我们甚至可以认为**工厂内所产生的大部分成本均属于生产成本的范畴**。

此外，工厂通常把生产线分作数条来同时生产多类产品。因此，我们必须具体依据生产线的差异和产品种类的不同来对成本进行分类，对无法分类的成本就必须要按照适当的标准对其进行划分归类。

呃，这听起来好麻烦啊!“工厂内所产生的大部分成本均属于生产成本”之类的话真让我听得云里雾里的。

因此，如果我们想要掌握企业的生产成本，就必须制定一套程序来决定如何进行成本统计和成本计算。这就是所谓的“成本核算”。

我们在日常生活中也经常用到“成本核算”一词，意思是计算生

产成本的程序和规则。

● 简单了解一下“成本核算”

在成本核算过程中，我们经常从以下三个要素出发来对生产成本进行统计，它们分别是：①材料成本；②人工成本；③制造费用。关于这一点，我将在下文中做详细说明。另外，如果我们在采购原材料的过程中产生了附加成本，那么其也要作为生产成本的组成要素被纳入统计范围之内。

在完成上述统计核算的基础上，将其计算结果对应到各个生产线之中，以产品的总成本除以产品的数量就可以计算出每个产品的单位成本。

嗯？那么，为什么我们可以把采购成本的计算也叫作“成本核算”呢？

当然不可以这样叫啦！如果你在工厂工人面前说“采购成本的成本核算”的话，当心他们会嘲笑你哦！

此外，我们在成本核算的过程中所提到的“成本”基本上都指的是“生产成本”。因此，**生产成本可被称为最狭义的“成本”**。

当然，除了制造业的生产成本和销售业的采购成本，其他领域也存在“成本”一词。

例如，在日本的服务业中存在“劳役成本”的说法，其本质上是指“服务成本”，并且在财务报表中也是如此标识的。

另外，在建筑业中会把相当于公司的营业额称为“营建收入”，并把建筑成本称为“工程造价”。

我明白了。原来这就是“狭义的成本”啊！但是在成本之中也包含“广义的成本”呀，如果我们不将其计入的话，就无法了解商品真实的成本收益了。

制造行业“生产成本”的计算方法

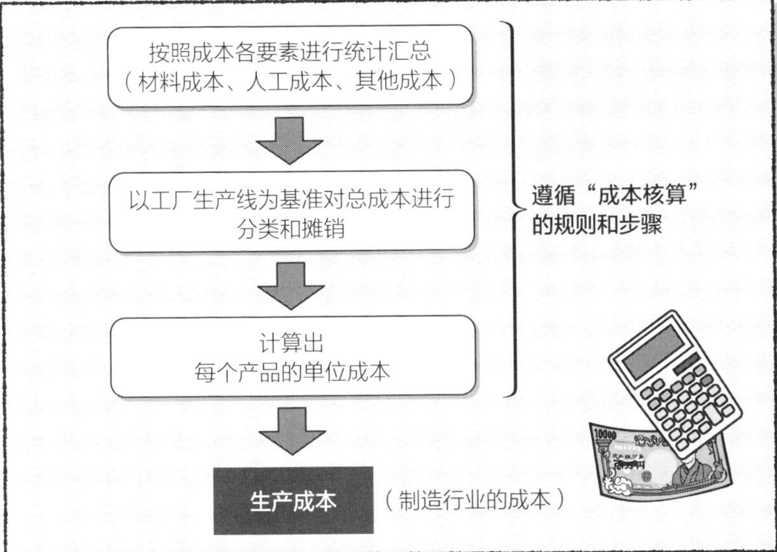

成本收益？啊，你说的是性价比吧？

性价比很重要啊！无论是我在购买午餐还是西装的时候，最看重的就是性价比了。买东西并不是商品的价格便宜就足够了，还必须要保证高性价比。当然了，价格便宜的话肯定会更划算，但是最理想的状态是在相同性价比的情况下实现低价购入。但如果只是稍微便宜一点的话……

一会儿说性价比的高低，一会儿又说价格的高低，你说起话来滔滔不绝啊！难道你是一个对钱斤斤计较的小气鬼吗？哈哈，这倒挺令我意外呢！还是说你根本就不叫“高井惠子”，而是叫“爱贪便宜的小气鬼”呢？

您说什么？

不，不。我什么都没说。

一块面包中包含着多少个人的人工成本？

广义的成本包括销售成本及管理费用

那么我们接下来就谈一谈广义的成本吧！

啊？还要继续谈啊？（其实，我觉得就算你搞不懂性价比也没什么关系。）

提起广义的成本，我们可以以惠子的人工成本为例进行介绍。惠子是副总经理的助理，而副总经理的工作关系到公司的整体销售额。

另外，我们不能通过成本核算的方式来计算出一块面包中包含着多少惠子个人的人工成本。

因此，假设惠子一年的劳动成本是数百万日元的话，那么你可以把它看作是针对公司同一年数十亿日元总销售额而言的成本（这也被称为“期间费用”①）。

啊！这么复杂呢！

这种情况不仅仅局限于惠子一个人，它对于除在工厂工作以外的所有人员的人工成本及其所在部门产生的成本而言都是一样的。

这些成本难道没有一个像“生产成本”或“采购成本”这样的名称吗？

① 期间费用是指企业在日常活动中为组织和管理企业生产经营、筹集生产经营所需资金以及销售商品等而发生的各项费用。包括管理费用、财务费用和销售费用等。期间费用不计入有关核算对象的成本，而是直接计入当期损益。——译者注

计算广义的成本时必须加上销售成本及管理费用

与销售业务相关的成本	销售成本	及	管理费用	管理费用
销售部门的人工成本 销售部门的经费 （交通费和应酬费等） 销售部门的租金和水电燃气费等				行政管理、人力资源、财务等部门的人员的职工薪酬 行政管理、人力资源、财务等部门的工作经费 （交通费和日常消耗品费等） 总部大楼的折旧费和水电燃气费等

狭义的成本加上销售成本及管理费用即为广义的成本。

虽然也有人把广义的成本称为“运营成本”，但在财务报表中仍使用“销售成本及管理费用”这一名称。

一般情况下，我们将广义的成本叫作“销售成本及管理费用”。

简单来讲，所谓“销售成本”是指为销售产品和服务而产生的成本；“管理费用”则是和生产没有关系的，指行政、人力资源、财务等管理业务中产生的费用。关于这两点，我会在下文中进行详细的解释说明。因此，“销售成本”也经常被称为“销售部门成本”，而“管理费用”则被称为“总部成本”。

公司产生的所有费用都属于成本吗？

有些费用并非成本，也不可被纳入成本范畴

以上是关于广义的成本所做的笔记……咦？这就结束了吗？看起来成本核算也不是很困难啊！

如果是这样的话，那么就请你说一下哪些其他费用不属于成本的范畴吧……你看，说不出来吧？问题没有你想的那么简单。

非成本支出是指与公司主营业务，如产品的制造或商品的销售无关的支出。例如，如果惠子所在的烘焙食品公司涉足了股票投资领域，并声称要把股票的成本和投资失败的损失归到面包成本之中的话，那会怎么样呢？如果企业是依照这样的成本核算方式来确定面包的销售价格，那么为其买单的顾客将为此支付高昂的购买面包费用。

的确如此，如果把股票的亏损也算进成本之中的话，那么商品的性价比可能会降到最低。

除此之外，还存在一种如果纳入成本之中便会导致性价比下降的费用，那就是在非正常情况下产生的支出。

什么是非正常状态？比如，被小偷盗窃？

只有在正常情况下发生的费用才能够计入成本的范围之内。即便某家面包直营店遭到了盗窃且被洗劫一空，其损失仍然不能计入成本之中。这是因为它是在非正常情况下发生的费用。另外，火灾或自然灾害所造成的损失也不计入成本之中。

的确不应该把非正常情况下产生的费用纳入成本之中。当我肚子非常饿的时候，就会觉得眼前的午餐既味道鲜美，又性价比高。但是当我在正常情况下去那家餐厅的时候，就觉得那些饭菜很普通。

嗯……是这么回事吗?（不太清楚，就这样吧。太麻烦了……）

公司还可以将税法中认可的特殊费用纳入成本之中。例如，日本《租税特别措施法》规定公司可出于政策目的考虑，对某些机器计入高于正常水平的折旧费，但是，超过正常折旧费的金额不计入成本。

不能计入成本的费用种类真多呀！它们已经塞满我的大脑了……主任，还有其他的吗?（苦笑）

此外，日本法人税等税金以及股息红利等也不构成成本。对于企业而言，税金与其他费用无异。实际上，固定资产税和印花税等税金都应纳入成本的范围。

然而，法人税等税金和股息红利是从扣除费用之后所得的“利润（收入）”中提取的钱，因此不能构成成本。

以上所有不包括在成本范围内的费用和损失被统称为“非成本支出”。我会在下文中通过事例为大家做详细介绍。

广义上的成本加之这些非成本支出，就是公司最终在业务上所花费的资金总额。

何为企业的“销售成本”？

只有售出的产品才构成销售成本！

很抱歉，虽然我知道你的大脑已经被塞得满满的了，但现在还有一项成本需要你记住——那就是“销售成本”。

啊！这个成本是不是经常出现在利润表中啊？副总经理经常一看到那个就唉声叹气，我也就跟着看看。

财务报表之一的利润表中的第一个指标是“销售额”，紧接着便是“销售成本”。它对公司经营来说是一个非常重要的指标。

● 为何“毛利”如此重要？

从销售额中减去销售成本就可以计算出第一阶段的利润，即“销售总利润”。“销售总利润”又被称为“毛利润”或“粗利润”，是一个深受重视的利润指标。

这是因为接下来要在毛利的基础上去加减相应的销售成本、管理费用、主营业外收支、临时损益等来计算最终的赢利结果。如果第一阶段的销售总利润不够高，那么将无法覆盖这些费用的支出。一旦营业成本及管理费用无法被覆盖，那么企业就会陷入销售亏损的困境之中。

计算销售总利润的基础是“销售成本”。

因为毛利润和销售成本密不可分，所以这和副总经理的工作关系很大啊！

嘿，一提到副总经理的工作，你就变得思维敏捷了！没错，销售成本就是指售出产品的成本。

本期制造的产品或采购的产品几乎不可能在本期时间范围内全部售出。如果前期没有售出的产品在本期内售出，那么也会构成本期的销售额。

因此，我们不能直接把本期制造或采购的成本当作本期的销售成本。

那么，怎样才能通过本期的销售额和售出产品的相应成本来计算销售总利润呢？

利润表中的“销售成本”是什么？

利润表

销售额	×××
销售成本	
期初产品结存金额	×××
本期生产成本（进货费用）	×××
合计	×××
期末产品结存金额	×××
销售成本	×××
销售总利润	×××

计算公式如下

期初结存金额 ＋ 本期生产（进货）成本 － 期末结存金额 ＝ 销售成本

图中为大家详细展示了销售成本的计算过程。这也是计算售出产品相应成本的公式。

咦？难道不应该每售出一个产品，就要进行一次销售成本核算吗？

如此麻烦的事情，企业是不会去做的。如果一一花费人力去进行计算的话，那么用你的话来说就是“人工成本的性价比太低”。

因此，我们在计算销售成本时，会以月、季度等为单位进行定期结账，并计算该期间的成本和利润。

● 通过“库存”计算成本的情况也为数不少

具体来说，在成本核算的最初阶段（期初），我们要检查仓库中剩余的产品库存并记录对应的金额、数目。这个作业过程被称为“盘货”，记录下来的库存金额数目就是“结存金额”，即所谓的“期初结存金额”。

时至期末，我们一方面要汇总这一时期产生的生产成本和采购成本，另一方面也与期初一样要进行库存盘点并计算出“期末结存金额”。这样一来，我们就将计算销售成本所需的相关数据收集齐全了。

换言之，最初的库存（期初结存金额）加上本期制造或采购部分的成本（本期制造或采购成本），减去最后剩余的库存（期末结存金额），就可以计算出售出产品对应的成本（销售成本）。

顺便说一下，因为我们可以通过库存来了解结存金额，所以产品、原材料等的库存被统一称为“存货资产”。

从货架上拿下来一查就知道金额，所以它们被叫作“存货”。那么，其余无法查明价格而不得不留存下来的就是搁置资产吗?

当然不是这样啦!

通过销售成本的计算，我们还可以推导出不同产品的毛利润。换言之，如果通过销售额减去销售成本的方式能够计算出整个公司的毛

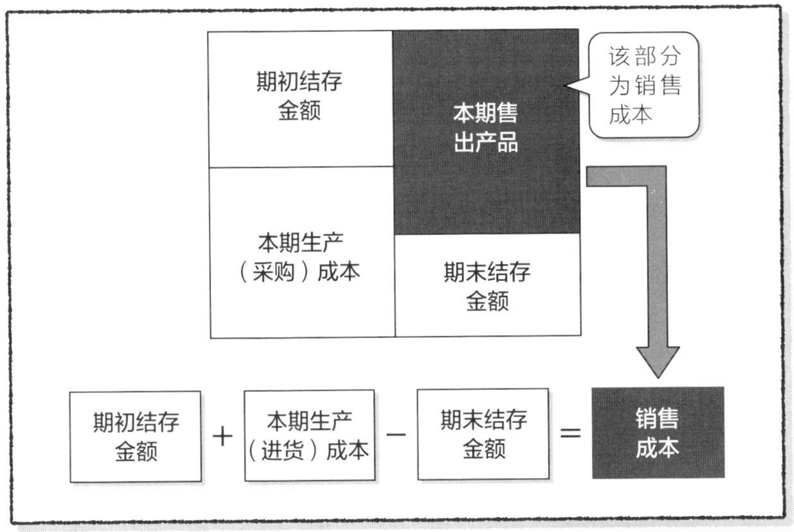

利润（销售总利润），那么就可以通过销售价格减去生产成本或采购成本的方式计算出各产品的毛利润。

就算明白了各产品的毛利润，又能如何呢?

那么我们就可以发现，增加哪种产品的销量可以获得更多的利润。

啊，是这样吗?我要把这个信息告诉副总经理!

通过研究不同产品的毛利润，我们就可以判断哪个产品的利润贡献率更大。毛利润率较高的产品要比毛利润率较低的产品能创造出更多的经济利益。

对物品价格中的“成本”进行调查

总成本加上企业利润就是销售价格

那么，商品的销售价格就是由成本、采购成本和毛利润组成的吧？

但是我们必须从毛利润中扣除销售成本及管理费用。虽然毛利润被冠以“利润”之名，但离真正的“赢利”差得远呢！

那么就请主任陪我一起整理一下关于“成本”的知识点吧！

总体说来，最狭义的成本是指成本核算中的生产成本，即“生产成本”。如果我们把销售行业的“采购成本”以及服务行业的“服务成本”纳入的话，其含义就会变得更为宽泛一些。至此，我们可以将这些称为狭义的成本。

然而，在一个企业的经营活动中也会涉及种种销售成本和管理费用。因此，广义上的成本就是包括“销售成本及管理费用”的成本。这个合计总数被称为“总成本”，而**总成本加上公司的利润就是商品的销售价格**。

咦？那么，非成本支出费用被归入哪一部分之中了？

归入利润之中去，要从利润中扣除。

不属于或无法归入成本范畴的费用和损失都将从利润中扣除。

例如，某公司在其非主营业务领域的股票投资上出现了亏损，那么我们不能将其看作是成本的增加，而是利润的亏损。另外，由偷盗产品价格中的“成本”

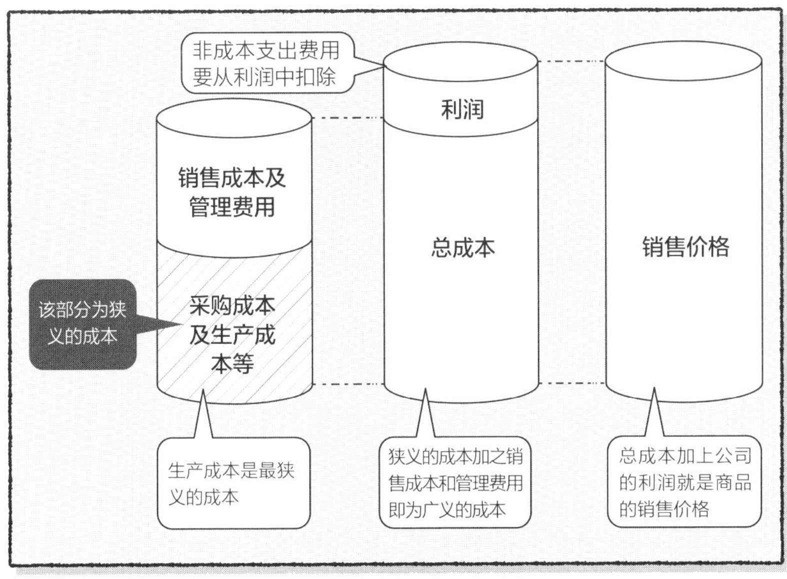

或自然灾害造成的临时损失都只会造成利润的减少，而不会算作成本的增加。

原来如此。现在我明白为什么股票投资的损失和由偷盗造成的损失不能算作成本了。那么，接下来您给我讲讲关于生产成本的内容吧。

还要继续吗？求你放过我吧！啊，行政经理在那边呢！你可以向行政经理请教，他可是内行呢！

●绪论总结●

（1）成本有狭义的成本和广义的成本之分。

（2）狭义的成本是指制造业的“生产成本”和销售业的“采购成本”等。

（3）广义的成本是指在狭义的成本基础上加之“销售成本及管理费用”后所得成本。一般情况下，我们无法计算出每件商品所包含的单位销售成本及管理费用。

（4）并非所有的公司费用都可以被看作成本，实际中也存在一些不属于或无法归入成本范畴的“非成本支出费用”。

（5）“销售成本”是指售出产品所对应的成本。从销售额中减去销售成本，就可以计算出产品的销售总利润（毛利润）。

第 1 章

“成本”包含哪些具体内容？

我要向行政经理和财务经理请教！

"成本"到底有何作用？

如果对成本一无所知，会造成何种后果呢？

行政经理，我来向您请教啦！

嗯，总经理办公室隶属于行政部门，所以培训助理也是我的职责之一啊！不过成本管理并非我的专业领域，你想要听我给你讲点儿什么呢？

我想向您请教关于生产成本内容的相关知识。因为我需要做好协助副总经理的工作。

生产成本？是关于成本核算的问题吗？如果你想要协助副总经理的话，向销售经理请教岂不是更好吗？

我去向他请教了，但是他只说了一句："销售的工作就是卖东西，我怎么可能对成本什么的有所了解！"然后就把我拒之门外了。

我是做行政工作的，所以多多少少对成本有些了解。在计算生产成本之前，应该先了解一下核算成本的目的。

● 成本核算的五个目的

一是为了编制财务报表（决算书）。

二是为了确定产品的销售价格，并作为资料提交。

为了计算销售成本，还必须了解本期的生产成本。销售价格是由广义上的成本加上利润来决定的（我是通过向总经理办公室主任请教而学到的）。

学到的东西还真不少呢！

三是为了管理成本。

就成本而言，支出后再计算的方式并不可取。我们需要提前设定目标，并将实际成本与目标进行比较。如果目标和实际成本之间存在较大差异，那么就必须要对其原因进行分析和报告，并要求管理者采取一定的措施——这也是成本核算的职责任务之一。

对此，我们可以采用标准成本核算等方法（参见第4章）。

嗯？原来还有成本管理啊？我们不应该是在事后核算成本吗？的确，随心所欲的做事方式无法做出具有高性价比的产品！

嗯，的确性价比很差啊！

四是为了编制预算。

为了不让成本超出预算或者销售额低于预算而减少利润，企业应当事先制定预算并加以控制。为此，我们必须对预算成本进行归纳总计并编制成册。

五是为企业的经营计划和经营决策提供所需的成本信息。为了制定经营规划，我们必须掌握过去和当前的成本信息。对于经营决策的制定而言，产生多少成本也是一个重要的参考因素。为了能够给经营计划和经营决策提供相关信息，我们就必须进行成本核算。

反过来讲，如果我们不进行成本核算并对成本一无所知的话，那么上述目的均无法达成。

成本核算的五个目的

①编制财务报表
②确定产品的销售价格
③管理成本
④编制预算
⑤为企业的经营计划和经营决策提供必要信息

既没有办法编制财务报表，也不能确定销售价格，那真是让人苦恼啊！

诚然，如果无法编制财务报表，那么就不能了解企业的财务状况和经营业绩。投资者以及企业的经营者将不知以何作为判断依据。即使想要销售产品，他们也不知道应该将价格定于多少合适。即便确定了价格并出售商品，他们也不知道最终有没有产生利润。

不进行成本管理，结果可能会导致企业内部胡乱支出。**除此之外，企业也无法编制并确定预算，或者即使确定了预算也无人遵守**。经营计划也好，决策也罢，最终可能仅凭直觉来决定。

以后，我不会再问“成本核算有什么用”之类的问题了。因为如果没有成本核算的话，大家可能会陷入苦恼之中。

这可不只是苦恼那么简单，而是个大问题啊！

“成本三要素”是基础中的基础！

任何生产成本都可按三个要素分类

那么接下来，我们谈一谈关于成本内容的话题吧！首先是了解“成本三要素”。

一提到“首先”等，就有一种“基础中的基础”的感觉。

为了理解成本的三个要素，接下来让我们假想一下自己正在制造某些东西。例如，假设我们正在做咖喱饭（作为晚餐），那么会产生哪些成本呢？

● 制作咖喱饭的成本

首先，我们想到的是制作咖喱饭的各类原材料，如肉类、鱼类、蔬菜、咖喱……之后是烹饪这些食材所需要的植物油。因为我们要制作的是咖喱饭，所以也必须将米饭的成本计算其中。

当然，原材料并不是唯一的成本。如果把制作咖喱饭当作一项工作的话，那么我们就必须考虑人工成本。例如，假设我们的工资为2000 日元 / 时，而制作咖喱饭需要 1 小时的话，那么就可以将人工成本确定为 2000 日元。除此之外，还要加上蒸米饭时所需的电费和水费以及煮咖喱所产生的燃气费……

原材料成本、人工成本以及水电燃气费等就构成了成本三要素。

成本三要素

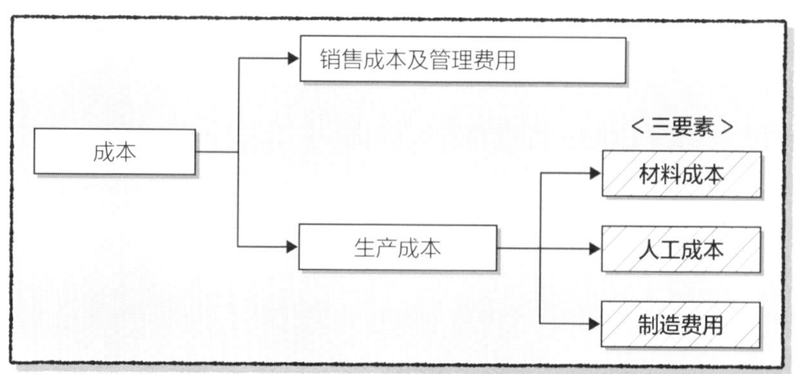

在成本核算的用语中，分别将其称为“材料成本”“人工成本”和“制造费用”。

无论是自己制作的咖喱饭，还是由大工厂生产及制作的高价产品，生产成本都可以分为“材料成本”“人工成本”和“制造费用”这三个要素。

把握成本的三要素是计算成本的基础

在成本计算的过程中，这些构成成本的组成部分被称为“要素”。在进行成本计算时，先要将成本要素分为“生产成本要素”和“销售成本及管理费用要素”。

当然，我们要从广义的成本要素和狭义的成本要素出发对成本核算分情况进行讨论。

其中，狭义的成本要素可以进一步分为三要素，即“材料成本”“人工成本”和“制造费用”。

生产成本要素、销售成本及管理费用要素的分类方式是计算广义成本要素的开端，而成本三要素的分类方式则是计算狭义成本（生产成本）的开端。

工厂成本三要素

成本三要素是对详细费用项目的分类和统计

那么，采购原材料的费用就是材料成本，支付的工资就是人工成本，使用的电费就是制造费用，这样分类就可以了吧？

可没那么简单。在分类统计公司成本的记录项目中，压根儿就没有材料成本、人工成本和制造费用之类的指标。

什么？那样的话就没办法进行分类了呀！到底该怎么办啊？

财务人员每天都要记录公司的资金动向，并将其整理成为票据和账簿，最终在财务年度结束后编制财务报表。

在财务报表的编制结构中，费用被分为“主要部件成本”“工资”和“外包加工费”等类别。

为了计算成本，财务人员需按照不同指标来接收相应的数据，之后进行分类统计。另外，财务人员接收的数据仅限于工厂内部发生的费用。例如，销售部门职员的工资和行政部门职员的工资虽然都是工资，但前者要被纳入销售成本中，而后者则属于管理费用。

实际上，划分如此细致的费用项目大致上可分为三类来进行统计，这就是“成本三要素”。

“成本三要素”是对详细费用项目的“中分类”

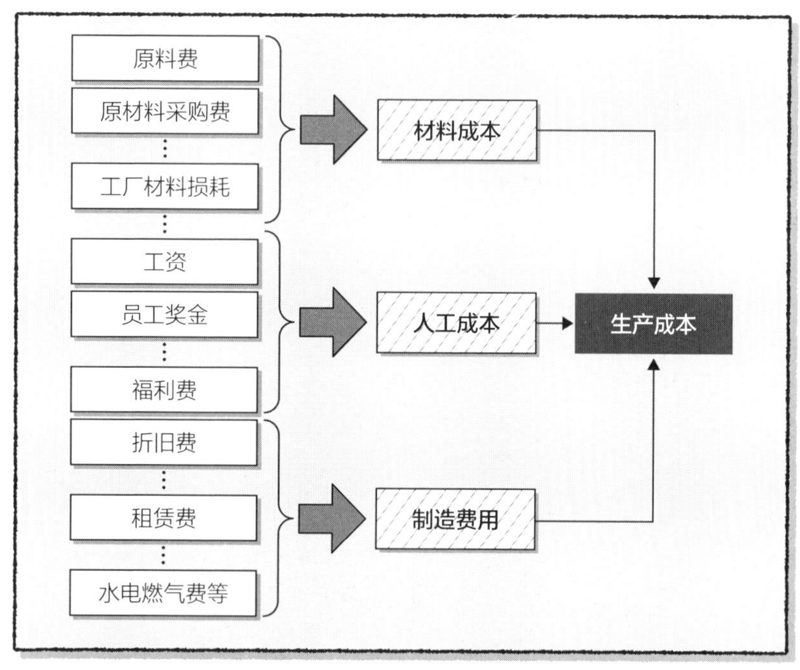

以上就是依据“形式”的不同来对成本进行分类。

依据形式的不同分类？那么有没有不依照形式来进行分类的方法呢？

这种情况也偶有发生。

按照“形式”进行分类是公司财务人员常用的成本分类方式，这种分类方式作为公司财务和成本核算的连接点发挥着重要的作用。

“形式”分类法与“功能”分类法

生产成本	“形式”分类法	“功能”分类法
材料成本	材料费（原料费） 原材料采购费 燃料费 工厂消耗品费 消耗工具器具备件费等	主要材料成本 辅助材料成本 （维修材料费、研究实验材料费*） 工厂消耗品成本等
人工成本	报酬 工资 兼职工资 员工奖金和津贴 福利费等	按工作类型划分的直接报酬 间接劳务报酬 底薪等
制造费用	折旧费 租赁费 维修费 水电燃气费 差旅费等	各部门的制造费用

* 在实际操作中，该部分一般不计入材料费，而是被记录为“研究实验材料费”。

● 根据公司所履行的“职能”来进行成本划分！

除了依据形式进行分类以外，还可以根据企业所履行的“职能”来进行成本划分。

例如，制造业公司除了生产产品之外，还具有维修产品和开发新产品等职能。

因此，材料成本就可以分为制造产品的“主要材料成本”、维修产品的“维修材料费”、开发新产品的“研究实验材料费”等，其中维修材料费和研究实验材料费又被归入“辅助材料成本”。

按照上述分类方法，工厂消耗品费被归入工厂消耗品之中，所以它既属于按“形式”分类，又属于按“功能”分类。

原来如此……目的不同，所采用的分类方式也就不同啊！

如何区分“直接成本”和“间接成本”？

“直接成本”和“间接成本”也是一个非常重要的分类方式，它关系到成本的基础。

和成本基础相关的分类方式……这种说法让我感觉很兴奋呢！对手越强大，就越能激发我们的斗志！

感觉兴奋？激发斗志？这个话题有些复杂啊！你真是个奇怪的人！

成本核算的最终目标是掌握每个产品花费了多少钱。这与编制财务报表有很大不同，因为后者往往只需要了解总金额就可以了。

但是，这里出现了一个问题。那就是我们**无法计算出每一种产品的成本**。

比如在制作咖喱饭的时候，我们可以计算出一份咖喱饭中所包含的肉类、蔬菜的材料费，以及制作咖喱饭的人工劳务费。

但是，如果同时做一道土豆沙拉作为配菜的话，结果会怎么样呢？煮咖喱所花费的燃气费和煮土豆所花费的燃气费是无法明确区分的。

因此，成本又可分作以下两种类型：①可以直接计算出的每件商品所花费的金额；②的确花费了一定金额，但不能计算出具体数额的花费。前者被称为“直接成本”，后者则被称为“间接成本”。

不知道花费了多少金额……这会动摇成本核算的根基。那么，将其纳入销售成本及管理费用之中如何呢？因为我们也不清楚每个产品所包含的销售成本及管理费用是多少。

为何要区分“直接成本”和“间接成本”？

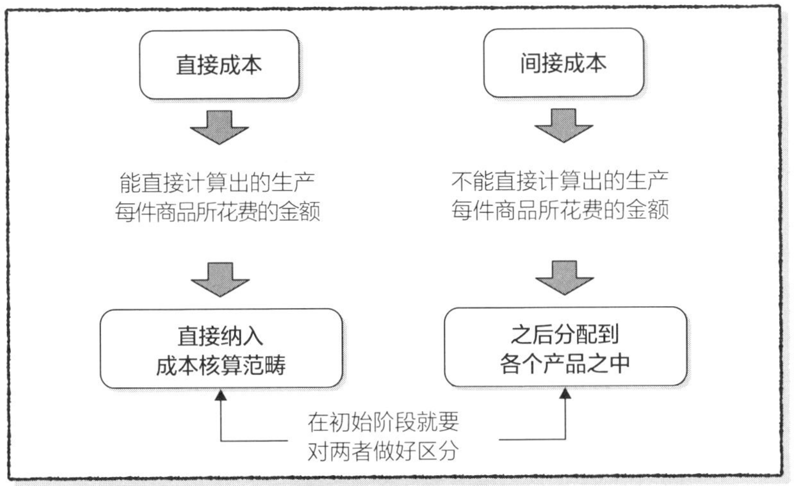

当然不行！这简直太荒唐了。因为这明明是为了产品生产所花费的成本啊！

直接成本就是我们可以直接计算出的生产每个产品所花费的金额。因此，我们可以将其直接纳入成本核算的范畴之中。然而，**间接成本则是无法直接进行计算的成本**。

因此，我们要将间接成本按照一定的标准分配到各产品之中。因为不能直接把握成本与产品的关系，所以只能间接地进行分配。

为了做到这一点，我们需要在最初阶段就必须对能够直接进行成本核算的部分和不能直接进行成本核算的部分进行区分，而“直接成本”和“间接成本”就是基于这一目的所确定的分类方式。

进一步深究直接成本、间接成本与成本三要素之间的关系

直接成本和间接成本具有各自的三要素

还有直接成本和间接成本啊？好不容易才把握了成本三要素的分类方式，现在又要回到起点重新进行分类吗？

不是的，不是的。直接成本中包含了成本三要素，间接成本中也包含了相应的成本三要素。

直接成本可以分为“直接材料成本”“直接人工成本”和“直接制造费用”。间接成本也可以分为“间接材料成本”“间接人工成本”和“间接制造费用”。

或者我们也可以认为，成本三要素中分别包括了直接成本和间接成本，合计为六要素。

在这六要素中，被列为“直接成本”的三种成本可以直接纳入成本核算范畴之中，而被列为“间接成本”的三种成本则会分配到每个产品之中。

原来是这样的关系啊！用“2 × 3”这一算式可以表示出三要素同直接成本及间接成本之间的关系，最终合计为六要素。

实际上，这六要素并不是均等出现的。因为……

一般来说，**我们在大多数情况下可以直接把握每个产品所包含的材料成本和人工成本，因此这两大成本可以被纳入“直接成本”的范畴**。从常识来看，我们一般将材料成本理解为生产产品所花费的原材料费用，而人工成本则被看作是生产产品所需的时间。

“直接成本”“间接成本”与成本三要素

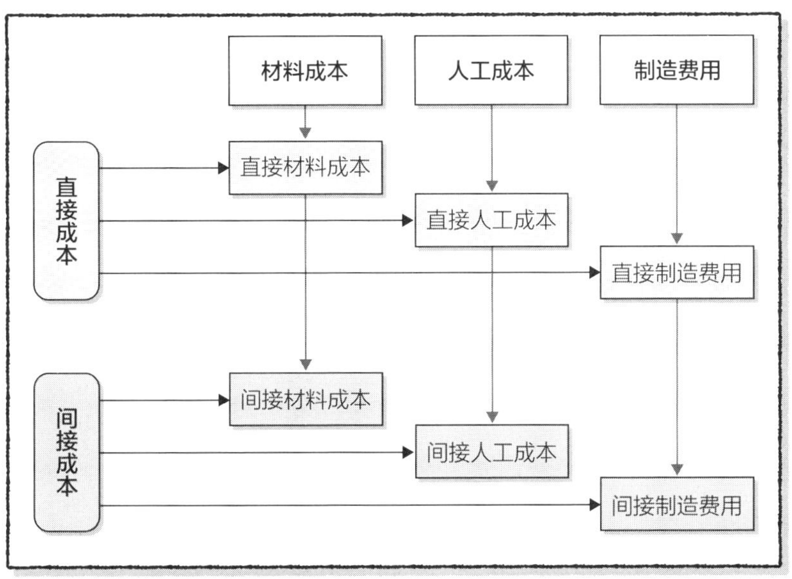

另一方面，由于制造费用中包含了许多无法直接计算出的费用，所以其大部分都属于“间接成本”。例如，在电费、燃气费、水费等一系列具有代表性的制造费用中，我们很难确定是哪一部分的产品生产消耗了这些电力、燃气和水。

除了直接成本和间接成本，还有固定成本和可变成本等分类方式。当然，因为这是财务方面的问题，所以你还是请教一下专业的财务经理比较好。

好的，我稍后就去请教！

你可真忙啊！不过，你真是个风风火火的行动派啊！那么，我跟财务经理联系一下吧！

接下来是“固定成本”和“可变成本”，会不会很难呢？

据说没有这种分类方式仍然可以进行成本核算，但实际上……

经理，请您给我讲讲关于“固定成本”和“可变成本”方面的知识吧！

你想询问的这方面知识既是一个财务方面的问题，也是一个成本核算的问题。肯定是行政经理觉得麻烦才甩给我的吧？

咦？我这是被嫌弃了吗？

好啦好啦。作为一名相关人员，不仅仅需要了解产品的成本，而且也要了解公司整体的成本哦！

简单来说，“固定成本”是一个固定数额，与产品的生产数量无关；而“可变成本”则与产品的生产数量呈正相关关系。

比如，**即使工厂的产能减半，其员工的基本工资也不会减半**。这就是固定成本。

另一方面，如果工厂将其业务量减半，那么其材料成本也会减半。如果业务量增加 1 倍的话，那么材料成本也会相应地增加 1 倍。这就是可变成本。

除了人工成本，地租、房租和设备折旧费等也都属于固定成本。除了材料成本，电费、燃气费、水费等也都属于可变成本。

它们与直接成本、间接成本以及成本三要素之间存在着怎样的关系呢？比如，是否存在固定直接材料成本或者变动间接制造费用一类的说法呢？

没有这样的分类方式。从一开始就要确定划分出固定成本和间接成本这两大部分。

这样不麻烦吗？（或许财务经理更喜欢用“烦琐”这个词吧？）

的确是非常麻烦的工作。因此，平时无论是会计还是成本核算，都不会按照固定成本和可变成本的方式进行分类。

为何要进行“固定成本”和“可变成本”分类？

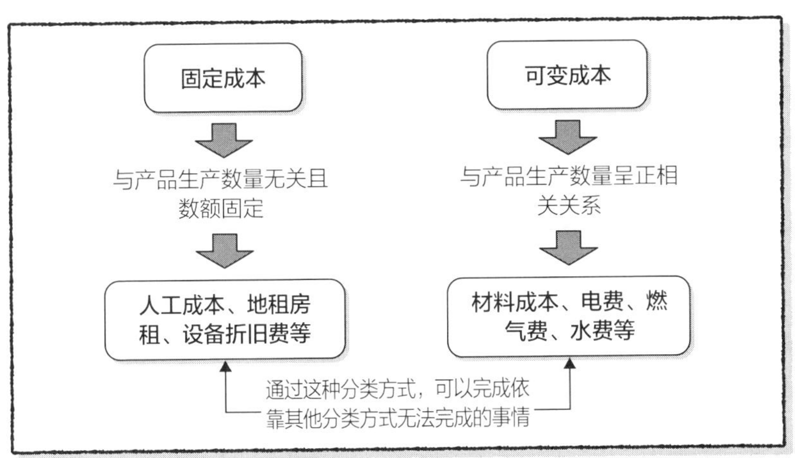

实际上，即使不进行固定成本和可变成本的分类，也同样可以进行成本价计算。财务人员不需要对固定成本和可变成本进行分类，就可以编制财务报表。尽管如此，固定成本和可变成本的分类方式仍然发挥着重要作用。原因是我们依靠这种分类方式，可以完成依靠其他分类方式无法完成的事情。例如，在销售额出现增减的情况下，要想准确地计算利润的增减，就需要对固定成本和可变成本进行分类。

产品生产数量越多，价格就越低廉的原因

从固定成本的角度出发就能够很容易地理解大规模生产的益处

掌握了固定成本和可变成本的思维方式，便能够清楚地了解许多事情，例如大规模生产的益处等。

大规模生产的益处就是人们常说的“产品生产数量越多，价格就越低廉”吧？这么说来，我只是隐约知道一些，但从未想过其中的原因。

通过固定成本和可变成本的思维方式，可以很好地把握大规模生产的益处。

例如，假设惠子所在企业的工厂每年发生的固定成本为 1 亿日元，而生产一块面包所需的可变成本为 100 日元。

如果这家工厂一年生产 100 万块面包，那么每块面包的固定成本为“1 亿日元 ÷100 万块 =100 日元”。如果再加上 100 日元的可变成本，那么其总体成本就变成 200 日元。换言之，一块面包的成本就是 200 日元。

如果面包生产数量翻倍为 200 万块的话，结果会怎样呢？那么每块面包的固定成本为“1 亿日元 ÷200 万块 = 50 日元”。如果再加上 100 日元的可变成本，那么其总体成本就变成 150 日元。因为成本价下降了 50 日元，所以即使销售价降低 50 日元也仍然能够获得相同的利润。

生产的数量越多，每个产品所包含的固定成本就越小。即使可变成本保持不变，其价格也有可能降低。这就是大规模生产的益处。

大规模生产降低了单位产品的成本

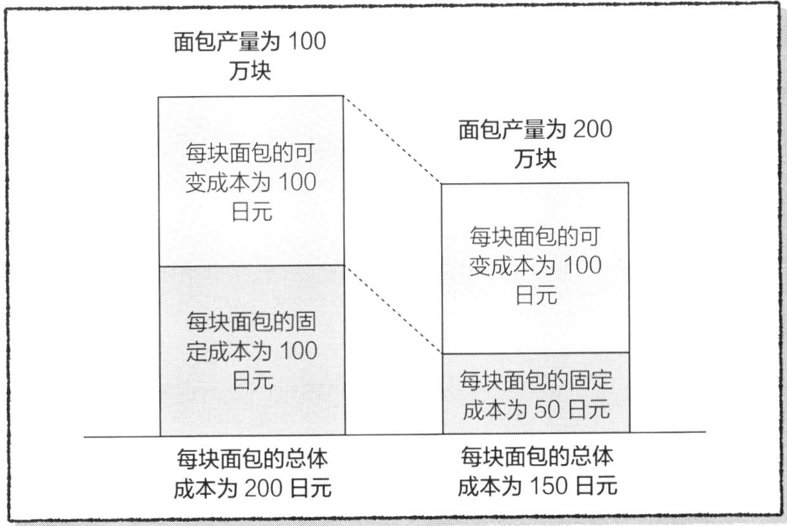

原来如此，只要按照固定和变动的标准对成本进行分类，就可以进行上述模拟了。这太方便了。

这种方式还可以用于预测利润呢！此外，固定成本和可变成本的思维方式不仅适用于狭义的成本，也适用于广义的成本。

例如，某企业的年销售额为 4 亿日元，生产成本、销售成本及管理费用等总成本为 3 亿日元，而利润为 1 亿日元。如果这家企业努力将销售额提高至 6 亿日元的话，那么利润会是多少呢？

如果将销售额提高至 6 亿日元的话，那么就是原销售额的 1.5 倍，所以利润也是原来的 1.5 倍吧？呃，好像不太对啊……

当然不是 1.5 倍！如果只知道总成本和利润，却没有按照固定和变动的标准来对成本进行分类的话，是无法直接预测利润的。

通过固定成本和可变成本来模拟利润

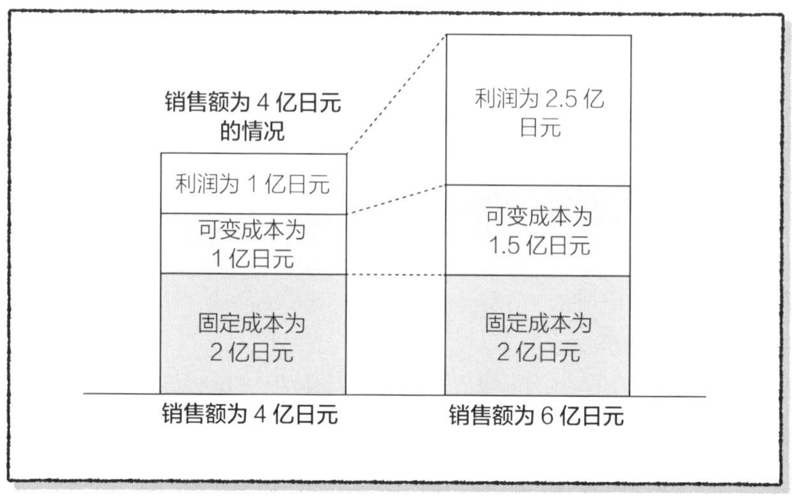

这家企业在按照固定和变动的标准来对成本进行分类之后发现，3亿日元的总成本中包含了2亿日元的固定成本和1亿日元的可变成本。只要把握这个数据，就可以预测出销售额增加到6亿日元时的利润。

即使销售额增加到6亿日元，固定成本仍然为2亿日元且不会发生变化。但另一方面，可变成本却会随着销售额的变化而变化，将从1亿日元增加到1.5亿日元。

● 把握了固定成本和可变成本便可以预测利润

从销售额中减去总成本（即固定成本和可变成本之和），便可以计算出利润。换言之，销售额6亿日元－固定成本2亿日元－可变成本1.5亿日元＝利润2.5亿日元。销售额提升至原来的1.5倍，而利润却提升至原来的2.5倍。

我认为不只是经营者需要掌握这种固定成本和可变成本的分类方式，而是所有的员工都需要树立这样的思维，这样便可以对自己负责的产品进行利润预测。

咦？成本核算
难道不是财务部门的工作吗？

“成本核算制度”和“成本会计制度”是联系在一起的

不愧是财务部门经理呀！果然每天都在计算成本。

你刚刚说的“每天都在计算成本”这句话是正确的，但“财务部门”却说错了。

一般来说，成本核算不是财务部门的工作。企业会在工厂内部设置专职负责人，并配备专用的账簿和系统。

● 成本核算与财务报表的编制有何不同？

成本核算与财务部门的财务报表编制体系有一定的关联性，但也存在不同之处。另外，成本核算并不是单纯的成本调查和分析，而是需要频繁且持续地进行。

企业从制度层面制定的成本核算机制，被称为“成本核算制度”。

另外，财务部门所负责的财务报表编制制度同成本核算制度一起合称为“成本会计制度”。

总感觉太复杂了（说实话，我并不真正关心这两种制度的差异）。

成本核算制度与成本会计制度是紧密结合在一起的。

一个企业的所有资金流动都被计入成本会计数据，以便编制财务报表。成本核算所需的生产成本相关数据也不例外。

因此，成本核算制度需要从成本会计那里接收到生产成本的相关数据，然后通过各种统计和分类方式来计算生产成本。

完成生产成本核算后，必须将其反馈给成本会计。

啊，是为了计算利润表中的销售成本吧?

哦，你很清楚啊。佩服！佩服！

通过成本核算制度计算的生产成本要反馈给成本会计，然后再作为成本会计数据被编入会计账簿，最终作为编制财务报表的重要数据发挥着不可或缺的作用。

● 让我们更加深入地了解成本核算制度和成本会计制度之间的关系吧！

成本核算制度与成本会计制度是紧密结合在一起的。

财务部门的工作重心是成本会计核算，但是也会为了公司的内部管理及辅助经营者制定决策而必须做好数据制作及分析等工作。

成本会计的主要工作之一是编制财务报表并向企业外部公告。与此相反，为了公司的内部管理及辅助经营者制定经营决策而对数据进行统计和分析的会计岗位被称为“管理会计”。

从会计的角度来看，前面所提到的固定成本和可变成本的分类方式属于管理会计的一个工作领域。在成本会计的工作中，即使不进行固定成本和可变成本的分类，也同样可以编制财务报表。

所以您一开始就说这是一个“财务方面的问题”。

准确来讲，这是一个“管理会计方面的问题”。顺便说一下，它在成本核算中被称为“直接成本核算”。

“成本核算制度”与“成本会计制度”的关联性

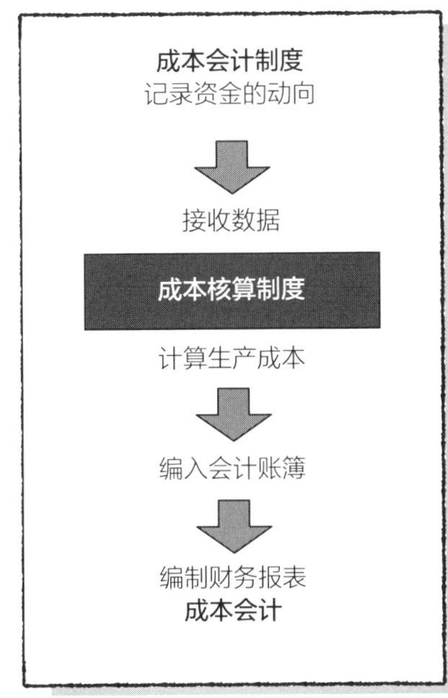

如前所述，一般的成本核算无须按照固定和变动的标准来对成本进行分类，就可以计算生产成本。与此相对，通过这种分类方式来推进各种模拟、辅助预测利润或业务分析的成本核算方式则被称为“直接成本核算”。

“销售成本及管理费用”是期间费用吗？

它所对应的并非“产品”本身，而是“期间销售额”！

那么，财务部门……不对，不对，“成本会计”所负责的是产品成本以外的资金变动吗？

是的。其中数量最多的是“销售成本及管理费用”。

我知道啦！它们就是广义的成本！

从成本核算的角度来看的确如此。销售成本及管理费用在成本核算中则被称为“期间费用”。

销售成本及管理费用在成本核算中被称为“期间费用”，与“产品成本”相对应。它并非针对某一个产品而言的，而是将一定期间内发生的销售成本及管理费用与一定期间内的销售额相对应。

● 很多事项都可归入“销售成本及管理费用”的范畴

在下图中，将从《成本核算基准》中筛选并罗列出销售成本及管理费用所包含的相关事项。虽然这有些老套，但可以让我们清楚地把握销售成本及管理费用的范畴。

之所以存在与产品成本相同的费用项目，是因为根据发生地点的不同，这些项目会分属于销售成本及管理费用。

虽然同为工资，在工厂中从事产品生产的职员工资属于生产成本，而从事营销的销售职员工资以及在企业本部对销售额进行统计处理的财务部门工资则属于销售成本及管理费用的范畴。

销售成本及管理费用的范畴

“形式”分类法

工资、报酬、消耗品费、折旧费、租赁费、保险费、维修费、水电费、税金、运输费、仓储费、差旅费、通信费和广告费等

“功能”分类法

广告宣传费、出库运输费、仓库保管费、赊销款、销售调查费、销售事务费、策划费、技术研究费、会计费、重要科室费等

什么？销售成本及管理费用居然同生产成本一样，也可以按照“形式”和“功能”这两大标准来进行分类。

是的。销售成本及管理费用也是按照与生产成本相同的思路来进行分类的。

我们既可以从形式上对销售成本及管理费用进行分类，比如“工资”和“消耗品费”等；也可以从功能上来进行分类，比如“广告宣传费”等。

当然，我们也可以采用直接成本和间接成本的分类方式，或者按照固定成本和可变成本的标准进行分类。虽然销售成本及管理费用不具备成本三要素，但是其与生产成本并无二致。

不同的是，销售成本及管理费用并非用于产品制造的成本。换言之，它可具体分为因销售产品而产生的费用（销售成本）以及在企业本部进行业务管理而产生的费用（管理费用）。

话说回来，你是不是经常会用到“经费”一词？

是的！每次副总经理在陪客户喝完咖啡后都会让我付账，而且还会说“用经费来报销吧”。

此时所说的“经费”大多都是指销售成本及管理费用。从费用项目的角度来看，陪老客户喝咖啡所花的钱属于交际应酬费。

有许多人会把销售成本及管理费用称为“运营成本”。但在商务场合中，绝大多数情况下都会称其为“经费”。虽然它不能完全等同于销售成本及管理费用，但它是一个高频用词。

所谓“用经费来报销”是指不由个人来负担咖啡费，而是将其作为销售成本及管理费用中的交际应酬费来纳入企业的总体费用之中。

另外，人们常说的“削减经费”指的也是降低销售成本及管理费用，而非成本本身。

例如，要及时关闭办公室的灯，节约使用水电，复印纸双面使用，减少耗材费用等。

“经费”不是财务中的专业术语，所以并没有严格的定义。但一般来说，**销售成本、管理费用和生产成本的生产费用综合起来统称为“经费”**。

什么是“不能计入成本的费用”？

非成本支出可分为四类

除了销售成本及管理费用，还有哪些费用需要进行会计处理呢？

营业外损失或特殊损失等。比如企业主营业务以外出现的损失。

啊，非成本支出！非成本支出就是不能计入成本的费用……这不是明摆着的嘛！

在《成本核算基准》中，将非成本支出分为四类，并详细列举了具体事例。

非成本支出的第一项就是与企业主营业务无关的费用，是吗？

是的。但是与经营目的无关的费用和损失所包含的范围之广令人惊讶。

在前文的例子中，我们提到了股票投资不属于成本的范畴。实际上，房地产投资、公债投资或需要获得或付出利息的借贷等管理费用（例如折旧费、房地产管理费、固定资产税等税金）也属于非成本支出。这些折旧费、管理费以及税金都不能作为成本。

另外，企业所持有的但尚未使用的土地、房屋等固定资产以及机器等设备所产生的费用也属于非成本支出。这是因为闲置的土地、建筑、机械等与产品的制造无关。

此外，与企业业务无关的捐赠金等也属于非成本支出，因为其与经营目的无关。

如前所述，利息支出属于非成本支出，而票据贴现费用（票据转让损失）等作为财务活动的相关费用，也属于非成本支出的范畴。

“非成本支出”的具体示例

①与企业经营目的无关的费用及损失

· 投资性房地产、投资性有价证券、贷款
闲置土地或房屋等固定资产
长期未运转的设备
其他与经营目的无关的资产

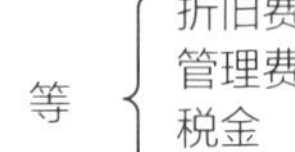

等 折旧费 管理费 税金

· 与经营目的无关的捐赠金等
· 利息支出、票据贴现费用、债券发行费用和股票发行费用摊销、设立费和开办费的摊销、保险支付费等财务费用

第二类就是偷盗、自然灾害等造成的损失吧？（主任说的话我都记得很清楚呢！）

没错。异常状态所引发的一切费用或损失都属于第二类非成本支出。但它包含的内容也是出人意料的广泛哦！滞纳金、违约金、罚款、损害赔偿金，甚至诉讼费等都属于这一类非成本支出。

所谓“异常状态”是指出现不寻常数量的残次品或库存减少等非正常情况。正常数量的残次品所造成的制造费用包含在成本之中，而异常数量的残次品和库存减损所造成的损失则属于非成本支出。同样，异常数额的坏账损失也不包括在成本之中。

造成异常状态出现的原因包括火灾、地震、台风、盗窃、员工罢工所导致的停工等偶发性事故。

另一种常见的情况是出售土地或房屋等固定资产时所出现的损失。虽然这属于固定资产的出售损失，但也属于非成本支出，不能纳入成本之中。

"非成本支出"的具体示例

②与企业经营目的无关的费用及损失

· 不寻常数量的残次品或库存减少
· 火灾、地震、台风、盗窃、员工罢工所导致的停工等突发事件所造成的损失
· 固定资产价值的意外下降而造成的损失
· 滞纳金、违约金、罚款、损害赔偿金
· 债务担保等所造成的损失
· 临时且大额遣散费
· 异常的坏账损失
· 诉讼费用
· 出售或处置固定资产所产生的损失等

第三类是根据日本《租税特别措施法》的特例等增加的费用。

"非成本支出"的具体示例

③税法承认的费用或损失

· 根据《租税特别措施法》的相关规定，折旧费的摊销高于平常
·《租税特别措施法》中允许计入的准备金储备额等

这个为什么不能计入成本范围呢？普通的折旧费就属于成本啊！

很遗憾，这的确不能算作成本。

例如，《租税特别措施法》规定日本政府在推广某种机器或设备时，允许企业计入更多的机器设备折旧费。因此，许多企业会通过增加折旧费来减少利润，从而达到节省法人税的目的。

然而，增加的折旧费只是获得了税法的认可，却并不意味着生产成本的增加。因此，在成本核算中，它将作为非成本支出排除在成本之外。

第四类是与利润相关的税金，以及以利润为原始资金进行的股东分红等。

税金也不可以吗？我一直觉得税金对于公司而言也是一种成本啊！

“非成本支出”的具体示例

④其他与利润相关的费用和损失

· 法人税、所得税、住民税
· 股东分红等

诚然，税金对公司而言也是一种费用。但是，法人税和住民税①是以销售额等减去所有费用后所得利润（收入）为缴纳基数的，所以它们并不属于成本。

即使同为税金，固定资产税、汽车税②、印花税等就可以作为销售成本及管理费用的一部分，因为它们不是针对利润所征收的税金。

这种非成本支出由财务人员负责统计，且大部分非成本支出都会出现在财务报表中。以下均为利润表中所体现的非成本支出。

我知道利润表中有销售成本，但是也包含了销售成本及管理费用的期间费用以及四类非成本支出啊！

销售成本及管理费用及非成本支出不包括于生产成本之中。因此，**虽然它们被排除在生产成本的计算之外，但是成本会计会对其进行认真统计并体现在财务报表之中**。

---

① 日本的住民税是按照收入来征收的税金，无论你的国籍是什么，都必须向日本国内居住地的地方政府缴纳。地方政府会运用住民税来提供行政服务，其中包括了“都道府县民税”和“市町村民税”两种税金。——编者注

② 日本汽车税的纳税义务人为汽车所有者。纳税人对其当年 4 月 1 日当天所拥有的汽车承担纳税义务。4 月 1 日之后购车者，则按购车月份至下年度 3 月 31 日为止的月份数相应纳税。——编者注

收益表中的成本及“非成本支出”

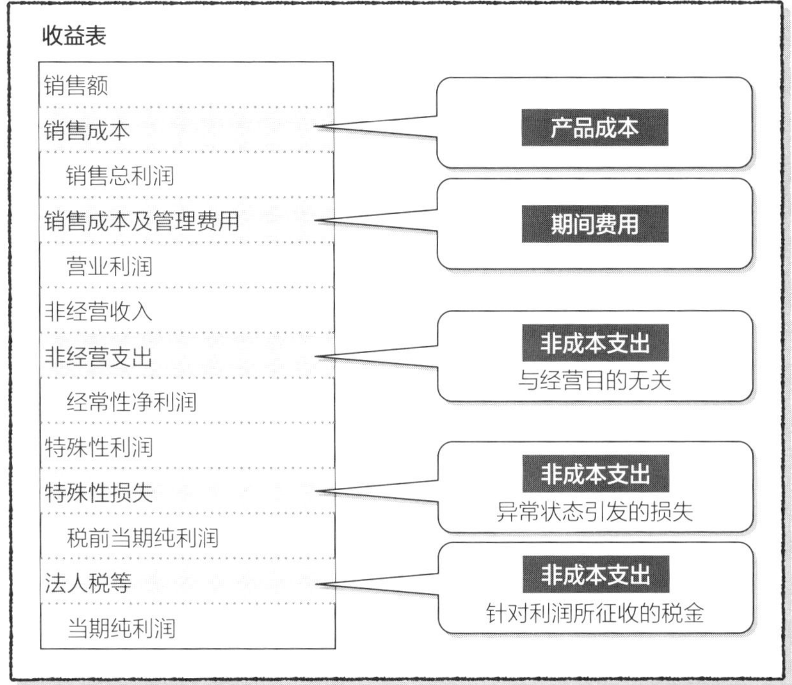

听您讲完被排除在生产成本之外的非成本支出后，就需要重新计算一下成本……

再往下说，就不属于财务领域了。我认为你应该去进行成本核算的工厂问问比较好。

明白啦！（我已经习惯给别人添麻烦了，也拥有了敢于面对被嫌弃的勇气）那我去工厂厂长那里问问吧！

●第1章总结●

（1）“成本核算”的五个目的：①编制财务报表；②确定产品的销售价格；③管理费用；④编制预算；⑤为企业的经营计划和经营决策提供必要信息。

（2）成本可以分为“成本三要素”，其主要包括“材料成本”“人工成本”和“制造费用”。

（3）成本可以分为“直接成本”和“间接成本”。

（4）直接成本可以分为“直接材料成本”“直接人工成本”和“直接制造费用”。间接成本也可以分为“间接材料成本”“间接人工成本”和“间接制造费用”。

（5）将成本分为“固定成本”和“可变成本”之后，便可以进行各种各样的模拟和分析。

（6）“成本核算制度”与“成本会计制度”是紧密结合在一起的。

（7）销售成本及管理费用被称为“期间费用”。

（8）“非成本支出”大致可分为四类。

第 2 章

如何进行成本核算？

我要向工厂厂长和人力资源经理请教！

什么？难道“材料成本”不止一个吗？

材料成本分为主要材料成本等五种

厂长，您好！我是高井惠子，今天特意来向您请教了！

啊！是惠子来了啊！我已经从财务经理那里听说了你想问的事情了。我是从工厂员工做起的，你可以问我任何问题。听说你是为了协助副总经理的工作来咨询有关成本的事情的，是吗？

是的。

在副总经理还是个小不点儿的时候我就认识他了……那个……呃……我以前都是凭直觉和魄力来做事的，不太注重具体细节。不过我最近已经改变许多，所以我觉得在某种程度上还是可以教你一些东西的。

总之，请多多关照啦！那么，我们回到成本的三要素，从材料成本开始讨论吧！

材料成本说起来简单，但也是非常难以处理的。

一听到材料成本，我们就会联想到制作面包的过程中所使用的面粉、酵母、盐、糖、牛奶、黄油……然而，实际在计算成本的时候，必须从更广泛的角度出发考虑“材料成本”。

● 被“消耗”掉的物品都属于材料成本！

在《成本核算基准》中，材料成本被定义为“因物品消耗而产生的成本”。

换言之，不仅是面粉等原材料，凡是被“消耗”的物品都属于材料成本。

因此，**制作面包时所佩戴的手套、工作服、木铲、托盘等一切消耗品都是材料成本**。如果需要使用机器来揉面团的话，那么润滑油等也属于材料成本。

材料成本的范围好广啊！那么，能将这些成本概括在一起吗？

那是无法做到的。材料成本大体上可分为五类。

材料成本大致分为五类，其分类方式依然是参照前面所提到的“形式”和“功能”两大标准。

位居五个分类之首的是“主要材料成本”。

啊，是用于制造产品的主要材料成本吧（这回行政经理的话派上用场了）？

你知道得真清楚啊！

用于产品主要部分的材料被称为“主要材料成本”。

制作面包时，其主要材料是面粉、酵母等；制作寿司时，其主要材料是大米和海苔；而制作豆腐时，其主要材料则为大豆。

主要材料成本也被称为“材料费”或“原料费”。所谓“原料”一般是指通过化学反应而变成与原有性状不同的产品。

例如，石油化学产品的原料就是石油。

铁、木材等通过物理加工且不会改变原来材质的东西被称为“材料”。原料和材料合称为“原材料”。

又学到了新知识，原来要把“原料”和“材料”分开考虑啊！

就连配件什么的也要分内部生产和外部采购两类。其中，外部采购的那一部分就要算作采购成本。

从外部采购的零件费用要被纳入“采购成本”。例如，如果某家制造木质书架的工厂，其安装在书架上的金属配件等都通过外部采购的方式来获取的话，那么该部分就属于“采购成本”。

另外还有一些不用于产品制造的材料成本也要进行分类。

你说的是辅助材料成本吗？（行政经理的话又派上用场了！）

你连这个也知道吗？真让人吃惊，你好厉害啊！

正如行政经理所言，那些并非用于产品制造的修缮材料费和研究实验材料费等被称为“辅助材料成本”。

例如，**某家制造机器的工厂所使用的润滑油、涂料和化学药品等就是辅助材料**。

但是，这些材料产生的费用有时也会被分类到接下来要说明的工厂消耗品费之中，而并非一定要作为辅助材料成本。

● 消耗品费也包含于材料成本之中吗？

之所以将材料成本分为主要材料成本和辅助材料成本，是因为前者属于直接材料成本，而后者则属于间接材料成本。

刚才提到的手套和工作服的费用，都属于工厂消耗品费。

啊，我还以为消耗品费属于销售成本及管理费用呢，原来是生产成本，甚至还属于材料成本呢！

在工厂中制作面包时所使用的手套和工作服等的费用都属于工厂消耗品费的范畴。在制造机器的工厂中，润滑油、涂料和化学药品等在制造过程中所使用到的辅助材料费也会被纳入工厂消耗品费。

然而，工厂办公室使用的办公用品等同样作为消耗品，其产生的费用却不属于材料成本，而是制造费用中的消耗品费。

成本核算真的很深奥啊！

深奥吧！同样是消耗品费用，工具一类的费用就要被纳入工具用具使用费中。

价格在 10 万日元以上且使用期限超过 1 年的工具、器具和备件等物品属于资产，其费用不直接计入成本。而不满足上述条件的工具、器具和备件等的费用则要被纳入“工具用具使用费”。

材料成本的五个分类

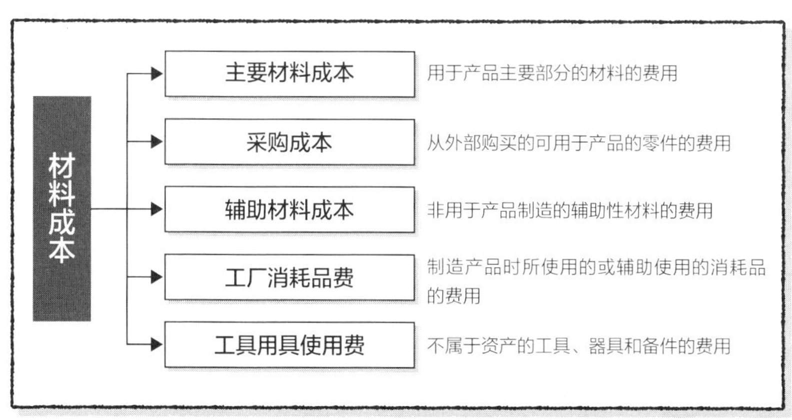

例如，生产机械产品的工厂中所使用的钻头、切割机、扳手和螺丝刀等的费用就可纳入工具用具使用费。

这样的分类方式是为了将其分成直接材料成本和间接材料成本。话说回来，直接材料成本是……

就是每个产品所包含的成本中能够直接把握的部分吧！

你连这个都知道啊。了不起！

五类材料成本可分为直接成本和间接成本：主要材料成本和外购零件成本为直接材料成本，辅助材料成本、工厂消耗品费和工具用具使用费为间接材料成本。

使用过的材料才能纳入材料成本

材料成本可以通过“消耗价格 × 消耗量”的公式来计算

计算？购买材料的金额不就是材料成本吗？

这就是门外汉不懂的地方了。采购的材料不一定全部被使用吧？

采购的费用不能直接作为产品的材料成本。因为我们并非严格按照产品的生产数量来确定材料的采购量。

● 计算“制作产品所使用的材料”是非常重要的！

因为大量采购可以降低购买价格，所以工厂一般都会选择集中采购。另外，如果原材料数量不足的话会引发许多复杂问题，所以工厂也会采购超过实际所需量的材料留以备用。

因为多余出来的部分会作为库存加以保留，所以材料采购的成本并不等于产品的材料成本。如果将这些库存材料用于下一轮的产品生产，那么材料成本的计算又将发生变化。

因此，要想把握产品的材料成本，就必须计算出用于产品制造的材料数量。

原来如此。只有那些实际用于产品制造的材料才能被纳入材料成本的计算范畴。但是，我们该怎么把握呢？

嗯，道理很简单。不仅仅是材料成本，大部分的金额计算公式都是“单价 × 数量”。因此，计算材料成本只需用材料的价格乘以所用材料的数量就可以了。

在这种情况下，我们要用材料的价格（消耗价格）乘以材料使用的数量（消耗数量），而并非乘以采购材料的数量，这样才能计算出产品的材料成本。若用算式来表示的话，可参看下图。

材料成本的计算方法是材料的价格乘以所用数量

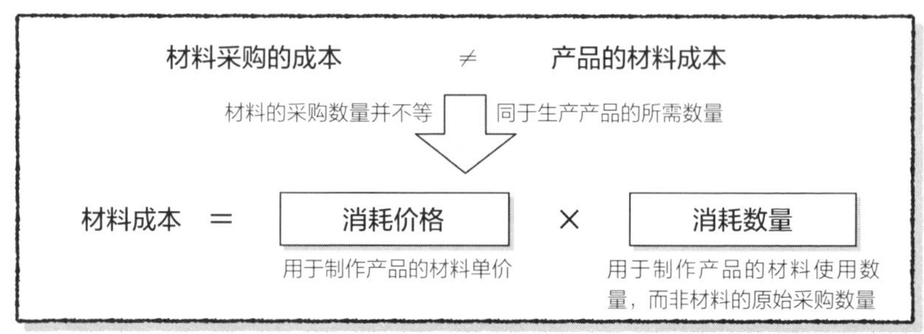

● 必须正确地把握制作产品所需的材料！

此时，一个颇为棘手问题就出现了。那就是到底该如何准确地把握制作产品所需的材料数量呢？其实，每次制作产品所使用的材料数量均不相同。

例如，当面团发酵失败需要重新制作的时候，所使用的面粉量就会增加。另外，根据当天的温度、湿度等因素变化，所需材料的数量也会发生变化。

材料的价格原本就处于不断的变化之中。比如，根据市场的供求动向，每一次的牛奶和黄油采购价格都会发生变化。

好麻烦啊！

这才是真正考验成本核算能力的时刻呢！不过，我们有的是办法来将消耗数量和消耗价格整理出来。

计算材料的使用数量，难道不是一件很简单的事情吗？

什么是“永续盘存法”和“循环盘点法”呢？

要想把握材料的消耗数量，只需将所采购的材料放置于仓库或冰箱等储存场所，之后在制作产品的过程中从这些储存场所取出的数量即为材料的消耗数量。

准确计算消耗数量的基本方法就是事先决定好储存位置。比如面粉要储存于仓库之内，而牛奶和黄油则要放置于冰箱之中。在制作产品的过程中，从仓库和冰箱之中所取出的材料数量就是消耗数量。

那么，我们如何准确地把握从仓库和冰箱中所取出的材料数量呢？

让我想想，是不是每次从仓库和冰箱之中取出材料后，就要将所用数量记录下来，之后再进行合计呢？

此时，惠子脑海之中浮现出的计算方法就是每当从仓库和冰箱之中取出材料之时，都要认真地将取出的数量记录下来。

然而，直接使用笔记本来做记录的话是行不通的。例如，在如实记录面粉的出库数量为 ×× 千克之时，我们需要使用“材料出库单”以及“材料分类账”等单据。

这种方法被叫作“永续盘存法”，也是掌握材料消耗的最基本、最可靠的方法。

但是，“永续盘存法”会耗费人们大量的时间和精力。

例如，如果这些用于产品制作的材料是一天多次且少量出库的话，那么逐次记录的话就得不偿失。更何况，如果成本只有几分钱的话，那么用于出库记录的人工成本反而显得更加不划算。

如何计算材料的使用数量

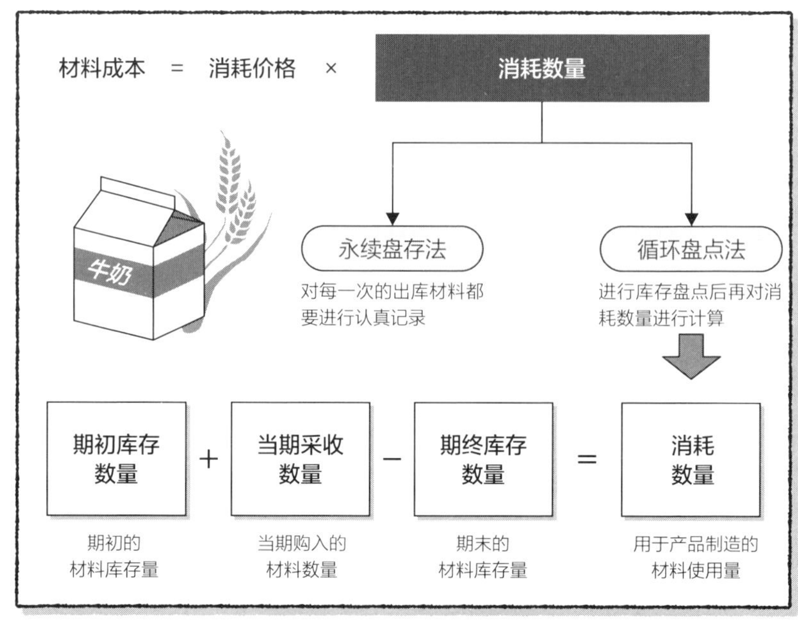

这种情况下，我们需要在期初之时就认真地盘点库存……

啊！原来是要盘点库存呀！

怎么？又是你已经掌握的知识吗？

我们在期初材料库存数量的基础上加上当期购入的材料数量，再减去期末的材料库存，便可以计算出用于制作产品的材料使用量。

像这种计算材料消耗数量的方法被称为**“循环盘点法”**。这种方法不但简便，而且还要比“永续盘存法”更能节省时间和精力，因此在实际工作中得以频繁使用。

此外，还有一些其他的方法，如“逆向推导法”，即根据成品数量和各类标准来倒推计算材料的消耗数量。

材料的价格发生了变化？该怎么办？

确定材料消费价格的方法有很多种！

材料的价格是处于不断变化之中的。

是的。但是我们还是要谋求准确地把握消费价格，这该如何是好呢？

例如，上一次采购价格为100日元的材料，在此次采购的过程中其价格上涨至110日元。那么在使用上述两种材料来制作产品之时，究竟要选择其中哪一种的采购价格来作为消费价格呢？100日元？110日元？还是取中间值105日元？

别担心。确定消费价格的方法也要遵循成本核算规则，并且有五种方法可供选择，我们随便使用哪一种都可以。

这么多！

其中，最常见的方法是“先进先出法”，即先采购的材料先出库。实际上，很多时候工厂都是按照这个先后顺序来依次使用材料的，因此这种方法也可以称得上是最符合现实的计算方法。

与之相反的“后进先出法”则是指将较晚采购的材料当作产品生产的优先选择而提前出库，并通过这种方式来计算消耗量的方法。虽然这似乎显得不合乎常理，但因为其是以最新的价格来进行计算的，因此更能够真实地反映现状。

另外，**“后进先出法”不得用于成本会计核算和成本核算**（但可以用于管理会计核算等）。

如何计算不断变化的材料价格

材料成本 = **消费价格** × 消耗数量

先进先出法	按照先采购的材料先出库的方式进行计算
后进先出法	将较晚采购的材料当作优先选择而提前出库并进行计算
移动平均法	每次采购都重新计算平均值，以此来把握消费价格
总平均法	通过计算一定时期内的平均值来把握整体的消费价格
个别计价法	提前把握实际的采购价格，并逐个计算单独的消费价格

那么，上述哪种方法的性价比最高呢？

性价比？啊，年轻人最近都爱使用这个词汇呢！你说的是“成本效益”吧？

此外，我们还可以使用以下两种计算平均金额的方法：①每次采购均需重新计算平均值的**“移动平均法”**；②计算一定时期内的平均值的**“总平均法”**。

另外，我们还可以运用个别计价法等方法来确定材料的消费价格。

上述方法都是通过计算的形式来求出材料的消费价格的。但在实际工作中，我们也可以根据实际购买价格来计算消费价格。例如，根据每一种材料的实际购买价格来分别计算的方法被称为**“个别计价法”**。

虽然这是最基本且最可靠的消费价格计算方法，但是要清楚地把握每种材料的实际价格并非易事。因此，这种计算方式不适用于大规模生产（制造大量产品）的状况。

即使我们不采用个别计价法，似乎也很难准确地把握具体的资金投入领域及金额，也不易通过计算平均值等方式来计算消费价格。

哎呀，如果你觉得真是这样的话，我还可以教给你几个“王牌”方法！

除上述五种方法之外，还有一种叫作**“最终采购成本法”**的方法。这种方法是根据最后进货时的价格来计算消费价格。由于这种方法不会耗费人们过多的时间和精力，所以在中小公司中得以广泛应用。

此外，我们还可以运用“预定价格法”，即根据企业过去的业绩和今后的预测来计算并确定“预定价格”。这也是在成本核算中被认可的计算方法。

另外，以上方式都只是一种计算方式而已，所以我们没有必要对出库材料严格计算。

例如，即便选择了“先进先出法”，这也并不意味着我们必须从最后一个采购的材料开始丝毫无差地逐步逆推。

计算方式如此繁多，真让人难以抉择啊！为什么会存在这么多的计算方式呢？

这是因为材料成本会随着计算方式的改变而改变。

● 材料成本会随着计算方式的改变而改变

根据计算方法的不同，所计算出来的材料成本也会不同。材料成本的金额一旦发生改变，生产成本的金额也会随之而改变，这甚至会促使利润的金额也发生改变，因此，选择何种消费价格的计算方法是非常重要的，选择一种适合本企业的计算方法也是非常有必要的。

计算方式的改变会引发材料成本的变动

材料 A

购入	上月	1000 个	100 日元 / 个
	本月	600 个	110 日元 / 个
消费	本月	1500 个	

先进先出法 按照先进货后出库的方式计算

上月的 1000 个	×	100 日元 / 个	=	10 万日元
本月的 500 个	×	110 日元 / 个	=	5.5 万日元
合计 1500 个				15.5 万日元

最终采购成本法 将最终的采购价格作为整体价格来进行计算

当月的消耗量 1500 个 × 最终的采购价格 110 日元 / 个 =16.5 万日元

材料成本之中还包含了运输费和仓储费等

加上“附加材料成本”才算得上是材料的采购成本

在材料成本中还包含一个不容忽视的因素。你觉得是什么呢？

是要选择一种性价比最高的计算方式吗？

你怎么还抓着“性价比”这个话题不放呢？答案当然不是这个啦！

● 到底何为“附加材料成本”？

在此，让我们回想一下关于采购成本的知识。在采购物品之时，附加费用也要计算于成本之中。

材料也属于采购物品之一，因此其附加费用是要纳入计算范围的。虽然具体情况要根据采购物品的种类和数量而定，但一般而言，其附带费用主要包括采购手续费、进货运输费、装卸费（与物品装卸相关的所有费用）、保险费以及进口商品所需要缴纳的关税等。这些都被称为“进货费用”。

伴随着物品的购入，还会产生其他的成本。例如，在公司内部，采购业务本身就会消耗一定的人工成本，而在采购的材料送达之后，还会产生验收（检查后接收）、整理、筛选、保养、储存等相关费用。

进货费用和采购过程中所产生的企业内部费用之和被称为“附加材料成本”。这些附加费用与采购材料的费用之和就是最终的采购成本。

材料采购费用与附加材料成本之和为“采购成本”

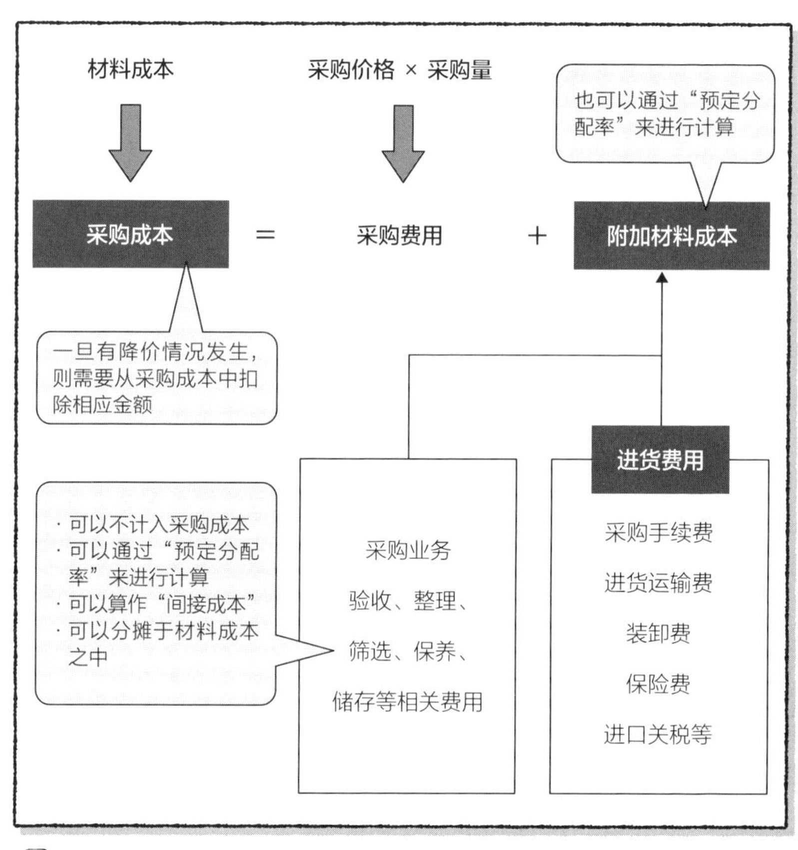

的确如此。材料成本之中还包含了运输费和仓储费等。

企业内部产生的费用也可以不计入采购成本。进货费用之外的一部分材料成本也可以不计入采购成本。

还有一种方法是根据材料附加费用的预定额、材料采购费用的预定额、购买数量的预订量等要素来计算材料成本的“预定分摊率”，再乘以采购费用来计算材料成本。

采购业务本身的费用以及验收、整理、筛选、保养、储存等相关费用，也可以通过分别确定预定分摊率的方式来进行计算。

另外，如果材料附加成本中有一部分不计入采购成本的话，那么便可以按照间接成本的思路将其分配到材料成本之中。

● 采购物品时出现降价情况，该如何处理？

另外，我还希望你能够对降价处理有所了解。

降价？这真是一个好话题！我对此特别有兴趣！而且降价还会提高产品的性价比呢！

又是性价比……虽然我也不是特别清楚，但的确是这么回事。不过话说回来，你是我见到的第一个如此执着于成本的员工！

在采购材料时，如果供应商降低价格的话，那么你就要从采购成本中将该部分扣除。

如果在使用该材料之后发现该材料的价格降低的话，那么你可以从同类型材料的购买成本中予以扣除。

如果不知道哪些材料出现了降价，那么你可以通过从材料附加成本中扣除等方式来进行恰当处理。

原来我们可以通过这么多种方式来计算材料成本。不过话说回来，厂长，我不认为你是靠直觉和魄力才走到今天的。

近年来，企业对于性价比的要求太苛刻了。我对此也花了不少工夫啊！

您不愧是工厂厂长啊！好了，我现在已经对材料成本有了充分了解。接下来就是成本三要素中的第二个——人工成本啦！

嗯……人工成本啊！

怎么了?

计算人工成本非常难，而且我并不擅长。对了，你去请教请教人力资源经理吧！他可是薪酬专家，一定会把人工成本给你讲清楚的。

好的！那我现在就去找他请教！

她这就风风火火地走了，可真是充满工作激情啊！她进公司已经 3 年了，应该能够跟得上对于人工成本这一话题的讨论吧?

人工成本到底是什么成本？

制造产品所花费的人工费用就是人工成本

人力资源经理，您好！我来向您请教问题了！

欢迎欢迎！你是想讨论关于人工成本的话题吧？咱们一边喝杯咖啡一边聊吧！

哇！我去过很多部门，这是第一次有人请我喝咖啡。

经常会有很多员工来人力资源部与我进行谈话交流，为了能够让他们放松一下，我会主动邀请他们喝咖啡，并且近年来企业十分重视员工的精神健康……啊！话题扯远了，十分抱歉，我们还是谈谈人工成本的话题吧！

“人工成本”这一术语可能会让人联想到不同于一般月薪的人工费用，如日薪或现金支付等。但是简而言之，所谓“人工成本”就是指制造产品所需要的人工费用。在成本核算中，工厂的人工费用被称为“人工成本”。

有没有关于“人工成本”的定义？

人工成本是指企业提供劳务作业而发生的成本。换言之，当“消费”这一行为的对象从物品转向人工劳动，即制造产品而使用的人工劳动所产生的费用就是人工成本。

那么，工厂员工所获得的工资就是人工成本吗？

人工成本不仅仅局限于工资。大家可能没有意识到，企业的劳务费用基本上是工资的近 2 倍。

人工成本的主要内容不只是包含了员工工资。**据说企业的人工成本几乎是支付给员工工资的 2 倍**。因为除了工资之外还有需要支付奖金以及各种津贴。

如果企业设有养老金制度的话，那么企业也会为员工缴纳相应费用及社会保险费。所有这些都属于工厂的劳务费用，即成本要素中的人工成本。

● 兼职员工和临时员工的人工成本该如何计算？

然而，作为生产成本要素的人工成本并不包括销售人员、行政人员、财务人员、人力资源人员和其他人员的人工费用。上述费用作为期间费用包含于销售成本及管理费用中。

而且在工厂中不是有很多人在工作吗？

有的是正式员工，有的则是兼职员工或临时员工。

工厂中除了有正式员工之外，还有许多兼职员工和临时员工。此外，职业种类也多种多样的，包括生产一线工作人员、技术人员、工厂行政人员等。

因此，人工成本被细分为以下六项。

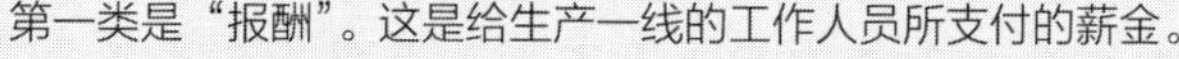

在日本，给生产一线的工作人员所支付的薪金被称为“报酬”，而不是“工资”。

在成本核算中，工资也被分为若干种类。

“报酬”是指支付给生产一线的工作人员的薪金。报酬一般包括基本工资以及日常加班和节假日工作的额外工资。

人工成本可分为以下六类

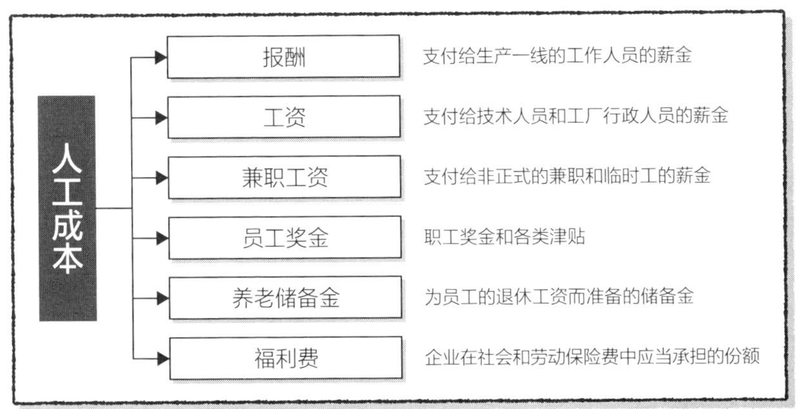

从 2020 年 4 月开始，像我们公司这样的中小企业也开始适用加班时长受限的相关规定。也就是说，无论在任何情况下……

那个，经理。那个……

啊！不好意思，我跑题了。人工成本的第二类就是“工资”。

“工资”是指支付给技术人员和工厂行政人员的薪金。但是，即使从事完全相同的行政工作，那些在营业场所或总公司工作的人所获得的工资也不属于人工成本，而应该被纳入销售成本及管理费用之中。

第三类是“兼职工资”，是指支付给非正式的兼职员工和临时员工的薪金。

光是工资就能分为三类吗？

在生产一线工作的小时工或者临时工所获得的薪金被称为“兼职工资”。兼职工资与正式员工的工资不同，它多以时薪或日薪的方式进行支付。

前三类属于工资的范畴，接下来便是各类奖金和津贴了。

奖金与津贴也是要和工资分开的。人们常说“金钱不问出处”，如今看来还是要对金钱的不同来源进行区分。

● 奖金也要分类吗?

第四类是“员工奖金”。这一类人工成本包括奖金和各种津贴。一般包括通勤补贴、伙食津贴、全勤奖金等。

但是，与产品制造直接相关的加班费、深夜补贴等津贴则属于工资范畴，而高管的奖金被列入销售成本及管理费用。

第五类是为员工退休工资准备的储备金。

有的企业为了支付员工的退休工资会储备一定的储备资金。这部分资金被称为“养老储备金”，而工厂员工所占份额便属于人工成本的范畴。

对了，企业中还存在一种叫作“养老金计划”的福利制度。员工在加入养老金计划的时候，企业需要追加缴纳一定的金额。很遗憾，咱们公司却……

那个，经理。那个……

啊！不好意思，我又跑题了。第六类是企业在社会和劳动保险费中应当承担的份额。

在健康保险、养老保险和失业保险的保险费用之中，除了须本人承担的部分之外，还包括企业应该承担的份额。另外，工伤保险费用全部由公司负担。其中，与工厂有关的部分被称为“福利费”，属于人工成本的范畴。

但是，福利费只包含法定的福利费。普通的养老福利费虽然同样具有成本的性质，但是它并不属于人工成本，而应该被纳入制造费用的范畴。

把 20 日的工资拖到月底！

调整支付性劳动成本以计算消耗性劳动成本

在人工成本核算的过程中，存在一个明显的问题。因此，它同企业的工资计算并不完全吻合。

咦，比支付金额多了还是少了呢？那可不得了！

不对不对。问题不在于金额的差异，而是计算时间的不同。

企业工资的计算期及支付日期是固定的，例如“于 20 日截止，25 日支付”等。

然而，成本核算通常是以自然月为计算期。因此，实际支付的工资与成本核算的人工成本会产生偏差。

也就是说，把 20 日的工资拖到月底？

简单地说，是这样的。

如果同一个人在每个月相同的时间范围内工作并获得同样的薪酬，那么这种偏差便不会成为问题。

但实际上，会有一些员工离职，也会有部分员工中途入职。另外，在职人员的加班费金额也会根据月份的不同而改变。

计算期的偏差必须根据实际劳动情况进行调整。为此，在成本核算中，也要将“消耗性人工成本”纳入计算范围之中，即从每月 1 日到月末所产生的人工成本。

原来如此，人工成本就是“劳动消费所产生的成本”。

准确地讲，是指劳动劳务所产生的成本。

相对于消耗性人工成本而言，实际支付的当月工资被称为“支付性人工成本”。

那么，就当月 1 日到 20 日这一期间而言，其支付性人工成本与消耗性人工成本是相同的。这一部分无须进行调整。

那么，从当月 21 日到月末的部分又如何处理呢？

这一部分属于当月的消耗性人工成本，却不能作为当月的支付性人工成本予以支付。因此，我们要将其作为“当月未付金额”列入当月的消耗性人工成本之中。

另一方面，当月的支付性人工成本（工资）之中要包含上个月的未付金额。这一部分并不属于当月的消耗性人工成本，而是包含于上个月消耗性人工成本中的未支付金额，因此必须予以扣除。

如图所示，当月的消耗性人工成本就是从当月的支付性人工成本中扣除上月的未支付金额，再加上当月的未支付金额之后而得的数据。

简而言之，就是这个月的工资减去上个月 21 日到月底的工资，再加上这个月 20 日到月底的工资吗？

简单地说，是这样的。

换言之，就是以当月支付的人工成本（当月工资）为基础，通过对上月的金额和当月的金额进行调整，以此来计算出消耗性人工成本。以这种方式计算出的消耗性人工成本是计算人工成本的基础。

调整工资和人工成本的计算期偏差

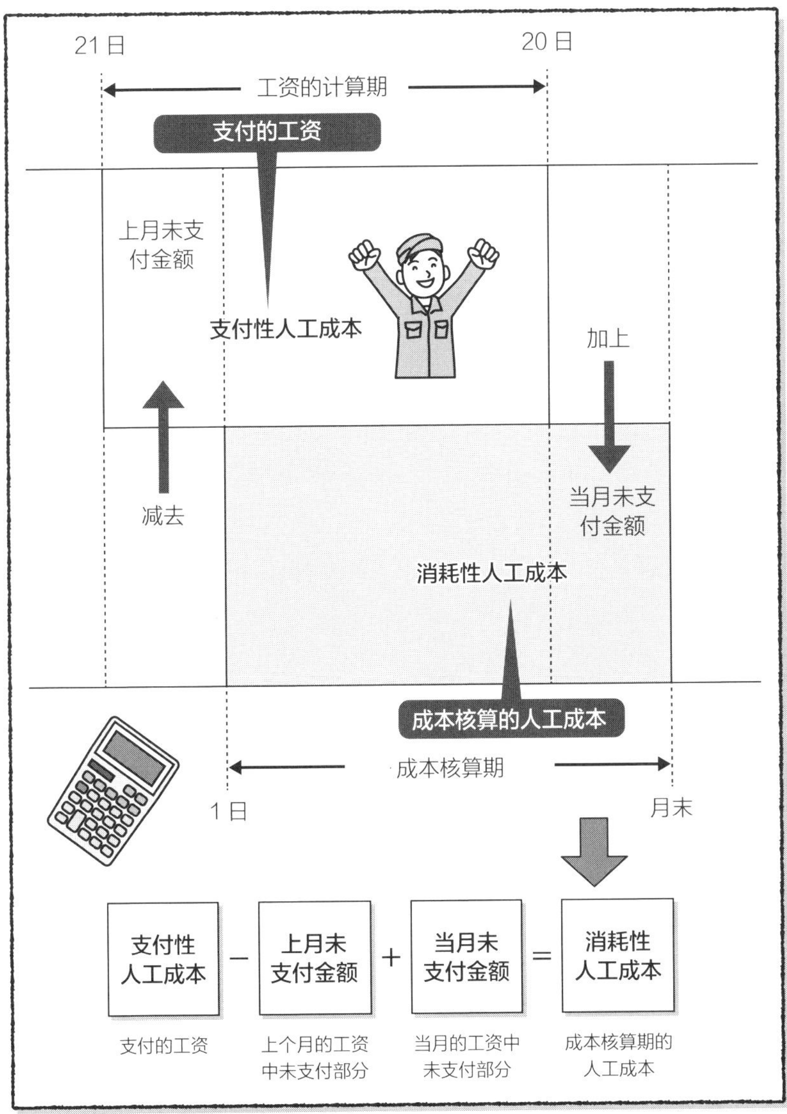

只抽取“直接人工成本”吗？这就麻烦了！

将间接人工成本从整体人工成本之中分离出来

计算人工成本还存在一个非常麻烦的问题，那就是要区分直接人工成本和间接人工成本。

在材料成本和制造费用等层面将整体成本分为直接成本和间接成本的话，也是一件非常麻烦的事情吧？

正确区分直接成本和间接成本是成本核算的重点。

材料成本可以非常简单地被分为直接成本和间接成本。

另外，由于制造费用中包含了许多的间接成本，所以从其内部抽取出直接成本也并非难事。

然而，人工成本是直接成本和间接成本交织在一起的错综复杂的成本要素。因此，要区分直接人工成本和间接人工成本并不简单。

话虽如此，但还是有办法的。那就是从整体人工成本中将间接人工成本逐一进行分离。

最后剩下的就是直接人工成本了吧？

是的。

● 将间接人工成本分离出来，听起来太困难了！

我们要根据人工成本的分类来将间接人工成本分离出来。

比如“工资”类全部属于间接人工成本。技术人员和工厂行政人

从人工成本的分类中分离出间接人工成本

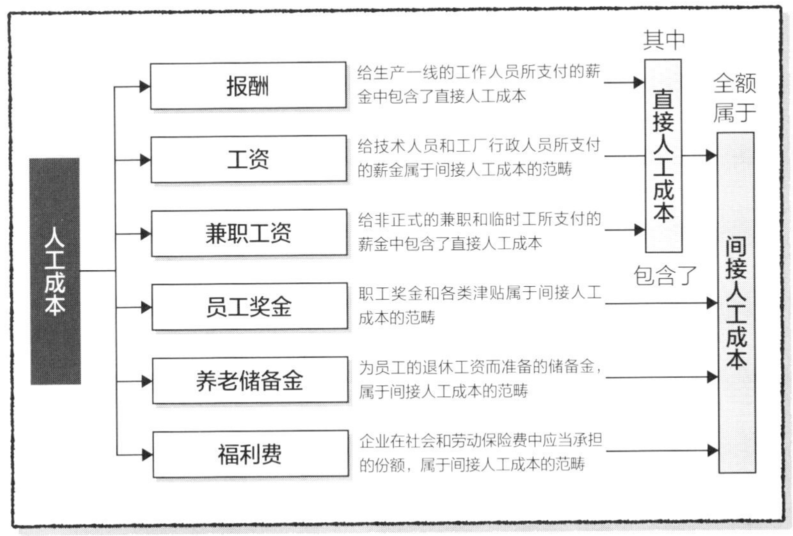

员的工资不会直接与任何一个产品产生联系。

另外，“员工奖金”“养老储备金”和“福利费”等也属于间接人工成本的范畴。

严格地说，这些类别中应该也包含了一定的直接人工成本要素，但是要将其分离开来是不现实的。因为这不但要花费许多工夫，而且取得到的效果也微乎其微。

因此，在实际的成本核算中，**很多企业将员工奖金、养老储备金和福利费等全部作为间接人工成本加以处理**。

如果将以上部分看作是间接人工成本的话，那么剩下的“报酬”和“兼职工资”部分则包含了直接人工成本要素。

这不是很简单吗？直接人工成本已经计算出来了！

还差得远呢！报酬和兼职工资中也包含了一定的间接人工成本。

报酬和兼职工资都是给生产一线的工作人员所支付的薪金。但是，并非所有的生产一线员工全部参与到产品的生产之中。

● 将现场一线员工划分为直接工人和间接工人

我们将在现场的工作人员划分为“直接工人”和“间接工人”。直接工人是指机械工人、组装工人等直接参与产品制造的人。

如此，除直接工人以外的人都属于间接工人，所以间接工人的报酬和兼职工资都可以算作间接人工成本。

终于将直接人工成本提炼出来了！

还差得远呢！在直接工人的报酬和兼职工资中也包含了一定的间接人工成本。

虽说都是工人，但并非所有人都在工作时间内一直从事产品的生产，因此必须要除去用于间接劳务的时间。

首先，休息的时间应当被算作是间接人工成本。从工作时间中除去休息时间，剩下的便是劳动时间。

顺便一提，根据日本《劳动基准法》的规定，当工作时间超过8小时后，必须有至少1小时的休息时间。另外，法定工作时间为1天8小时，每周40小时。如果有加班的情况……

其次，由工作上的原因而造成的待工时间也应当被纳入间接人工成本的范畴。

这样一来，剩余的便是“实际劳作时间”。但是，实际劳作时间中也包含了一定的从事间接工作的时间。如果我们把“间接作业时间”作为间接人工成本予以去除的话，那么最后剩下的就是可作为直接人工成本的“直接作业时间”。

如何从直接作业时间中计算直接人工成本

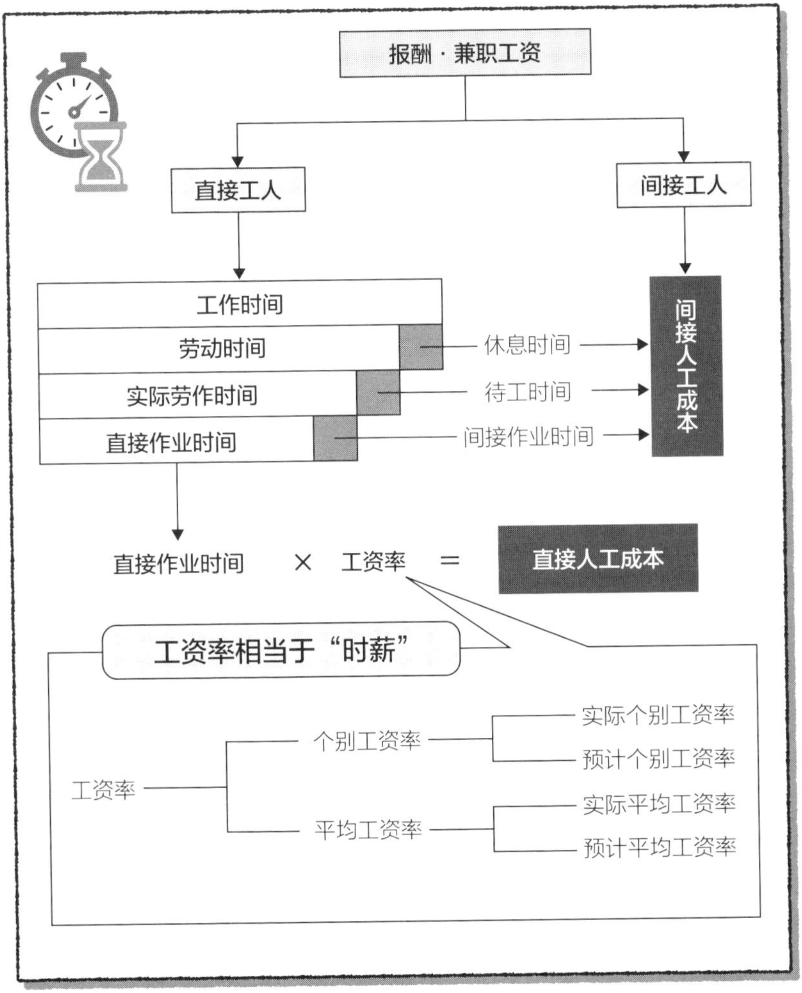

报酬・兼职工资

直接工人 → 工作时间 / 劳动时间 / 实际劳作时间 / 直接作业时间

间接工人 → 间接人工成本

休息时间 → 间接人工成本
待工时间 → 间接人工成本
间接作业时间 → 间接人工成本

直接作业时间 × 工资率 = 直接人工成本

工资率相当于“时薪”

- 工资率
  - 个别工资率
    - 实际个别工资率
    - 预计个别工资率
  - 平均工资率
    - 实际平均工资率
    - 预计平均工资率

累死了！我还以为会一直持续下去！

还没有结束呢！因为直接作业时间属于“时间”的范畴，所以我们需要将其换算成金额。

因为直接作业时间是一个时间，所以我们需要用“时薪”乘以相应小时数的方式将其换算为金额。这在成本核算中被称为“工资率”。虽然它被称为“率”，但实际本质为单位金额，在上述例子中就表现为每小时的人工成本金额。

工资率也可分为许多种类，其中最为常用的是“预计平均工资率”。我们用制造现场全体作业人员的预计工资除以预计作业时间，就可以简单地计算出预计时薪。用前面计算出的直接作业时间乘以这个工资率，便能够计算出“直接人工成本”。到目前为止，我们所排除的所有部分都属于间接人工成本的范畴。

终于结束了。这样一来，人工成本就学完了！接下来是成本三要素中的最后一个——“经费”。

经费不在人力资源部门的管理范围之内。你最好去问一问生产经理吧！因为他是负责生产线的领导，所以一定会非常清楚。

“经费”与成本三要素中的“制造费用”有何不同呢？

虽然有很多相似的费用项目，但不同的是生产成本

生产经理，您好！我来向您请教问题了。人力资源经理对我说经费不在他们的管理范围之内。在此之前，财务经理曾对我说“你所知道的费用都是指销售成本及管理费用”。那么，“经费”和“销售成本及管理费用”是不同的吗？

已经轮到我出场了吗？听说你在了解成本问题，我也觉得差不多快要轮到我了。经费同销售成本及管理费用既有相似的部分也有不同的地方。因为……

成本三要素中的“经费”看起来就像是毫无关联的费用集合。在下面的图中，我从《成本核算基准》中将所有出现过的经费支出项目统一整理后加以列举。

从该图中可以看出，它既包含了直接与产品制造相关的“外包加工费”“电费”“燃气费”“水费”等，也囊括了与工厂厂房和设备相关的“折旧费”及“租赁费”等要素。

看似属于人工成本的“福利设施负担”及“福利费”等也属于经费的范畴，而以“差旅费”和“通信费”为代表的许多费用则与销售成本及管理费用是互通的。

难道生产成本中的“销售成本及管理费用”就是经费吗？

可以这么说，但也不能这么说。因为……

《成本核算基准》中对“经费”作了非常明确的定义——“除材料成本及人工成本以外的要素”。经费的具体内容是不统一的、分散的。

材料成本及人工成本以外的要素统称为“经费”

何为“经费”?

材料成本及人工成本以外的要素

“经费”所包含的具体项目

外包加工费、福利设施支出、福利费、折旧费、租赁费、保险费、修缮费、电费、燃气费、水费、税费、差旅费、通信费、仓储费、批发损耗、杂项支出

摘自《成本核算基准》

这个比较容易理解！除材料成本及人工成本以外的要素都属于经费的范畴！

因此，经费中包含了许多与销售成本及管理费用相同的项目。因为……

成本要素中的经费与销售成本及管理费用的决定性区别就在于这些费用是否用于产品的制造。

例如，同样是差旅费，如果销售部门的员工为了销售产品而去其他地方出差的话，那么其便属于销售成本及管理费用的范畴。

与此相对，如果是工厂的技术人员为了回收制造设备的维修零件而去外地出差的话，那么其便不再属于销售成本及管理费用的范畴，而应当被纳入生产成本。

但是，差旅费既不属于材料成本，也不属于人工成本。因此，它只能被算作经费。这就是为什么我们需要在对成本三要素进行分类之余，还需要对经费进行细致分类的原因。

让我们对杂七杂八的“经费”进行精彩的分类吧！

经费可以根据计算方法分为四类

经费可以进行分类吗？您看，就像人工成本就可以被分为报酬、工资、兼职工资……

根据《成本核算基准》的话，并没有明确的分类。但是，有时我们也会对经费进行分类。因为……

经费的内容要比材料成本和人工成本的范畴更为广泛，并且掌握经费发生额和消耗量的方法也是多种多样的。但是，也同样存在一些以经费的计算为着眼点来对其进行分类的方法。

● 经费可以分为四类

根据分类准则，经费的种类包含“支付经费”“月支出经费”“计量经费”和“已发生经费”四类。

支付经费是指以实际支付的金额作为经费的经费。

《成本核算基准》还规定，经费要按照“实际发生额”来进行计算。因此，如果我们知道实际的支付金额，那么就可以把该金额作为经费。

这样的经费被称为“支付经费”。

那么，存不存在没有把支付的金额作为经费的经费呢？

你继续听我接下来要讲的“月支出经费”就明白了！

诸如折旧费和房屋租赁费等费用，虽然说是实际支付的金额，但总是以年为单位或几个月统一进行支付。因为成本核算是以月为单位的，所以如果按照实际支付的金额来进行计算的话，那么就会变成实际应算金额的 12 倍或者 n 倍。

因此，诸如此类的经费可以按月计算，并作为一个月的经费。这被称为“月支出经费”。

的确，月支付经费中的已支付金额不能算作是经费。

接下来提到的“计量经费”也是不能以实际支付金额作为经费的经费。

电费、燃气费、水费等都是由各企业或其他实体在规定期限内开具账单并支付的。这未必与成本核算期（从月初到月末）是完全一致的。

然而，电、燃气、水等是可以通过设置仪表便能够计算出消耗量的。如此，以实际消费量为基础来进行计算的经费被称为“计量经费”。

● 还存在没有实际支付的经费呢！

第四项要提到的“已发生经费”，理解起来可能有点困难……

现实工作之中，还存在一些没有实际支付但在计算过程中产生的经费。例如“库存损耗费用”就是在调查材料等库存之时，由某种原因而导致库存少于账簿记录并将差额作为费用加以计算的成本。这一部分也被分类为“经费”。

像“库存损耗费用”这种**没有实际支付却已然发生的经费被称为“已发生经费”**。

根据计算方法的不同可将“经费”分为四类

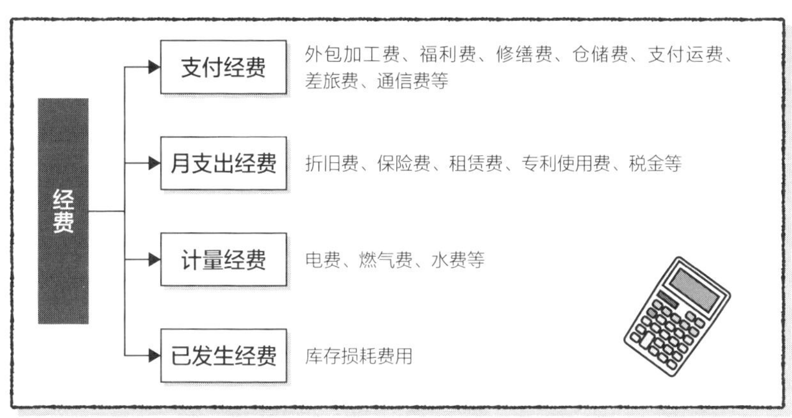

嗯，我已经完全理解了。生产经理，您太棒了！这不是已经对经费进行分类了吗？

……这倒也不是我想出来的分类方式。

即便如此，您能将其解释得如此浅显易懂，也是非常厉害了！

经费也可以分为“直接经费”和“间接经费”。但是，能够成为直接经费的要素少之又少。

在上图中，只有“外包加工费”是直接经费。另外，专利使用费等也属于直接经费。

如何对原本无法分开的成本进行分类？

间接成本是按照分摊标准来进行分配的

话说回来，成本核算讲究的是要划分出直接成本和间接成本。无论哪一种成本要素，最后一定会看到直接 ×× 成本、间接 ×× 成本之类的分类结果。

因为间接成本是成本核算中最大的问题。

如果想要认真地计算成本，就会遇到各种各样必须要解决的问题。其中，最大的问题就是间接成本的存在。

如果成本中完全排除间接成本的话，也许就没有必要进行成本核算了。每次发生成本的时候，都需要把记录金额的票据之类的东西按照产品类别的不同分开进行保存，以此类推，最后在期末合计之时就能够计算出每个产品的成本了。

如果需要按成本要素进行统计的话，那么就可以通过将票据分为A产品的材料成本、B产品的人工成本、C产品的制造费用等方式来实现。

然而，前提是这些成本都是直接成本。

但是，那些本来就无法分开的成本因此就变成间接成本了吧？那么，您为什么还说要对它们进行分类呢？

对此行政经理已经作过简单的说明了。那就是要按照一定的标准来进行分配，这叫作“分摊”。

被划分为间接成本的部分要按照一定的标准分配至各个产品当中。这种分配方式被称为“分摊”，而分配的标准就是“分摊标准”。

我们经常用聚餐时的结账情景来对分摊进行解释。

比如，此次聚会有总经理、年轻男员工，还有一些女员工参加，在结账之时可以按照这样的方式分配总额：总经理的支付金额是 5000 日元，年轻男员工每人支付 3000 日元，而女员工则因为吃得较少而每人支付 1000 日元。

按照同样的思路，分配间接成本就是所谓的“分摊”，而总经理、年轻男员工、女员工等则发挥了聚餐时候的“分摊标准”这一作用。

在成本核算中，分摊并非一次性完成的，而是存在于各个环节。例如，材料附加成本的分配或者在无法弄清究竟哪个制造部门出现间接成本的情况下便对成本进行分配等场合。

分摊的标准似乎很难决定。虽然说女员工只需每人支付 1000 日元，但还是会有许多女性会吃很多啊！

是不是惠子吃得很多啊？

不，只是一般程度。

分摊标准的原则是必须选择与成本内容密切相关的项目。

例如，房屋的折旧费就要依据各部门的占地面积。如果是管理费用的话，其分摊标准就是每个部门的人数。

●第2章总结●

（1）材料成本可分为五类：主要材料成本、外购零件成本、辅助材料成本、工厂消耗品和消耗性工具成本以及设备和固定装置成本。

（2）材料成本应根据“消耗数量 × 消耗价格”的公式来进行计算，只有使用过的材料数量才应计入成本。

（3）进货费用等附加材料成本与采购材料的费用之和就是最终的购买成本。

（4）人工成本被细分为以下六项：报酬、工资、兼职工资、员工奖金和津贴、养老储备金和福利费。

（5）将本月 20 日结算的工资调整至月末结算，是为了与成本核算中的人工成本核算期保持一致。

（6）直接人工成本是通过从全部人工成本中分离出间接人工成本的方式得到的。

（7）生产成本的经费是指除材料成本和人工成本以外的成本。

（8）经费可分为“支付经费”“月支出经费”“计量经费”和“已发生经费”四大类。

第 3 章

了解“成本核算”后，许多疑惑被解开了

我要向生产经理请教！

“成本核算”与“成本会计核算”有什么不同之处？

“单位成本”和“成本核算期”有很大的不同

还要请您多多关照，生产经理！

截至目前，你还有什么不明白的地方吗？

我对一些基本知识还是糊里糊涂的。比如，成本核算和普通计算有什么不同？

什么是普通计算啊？

接下来，让我们对成本会计核算和成本核算进行一下比较吧！

第一个区别是目标金额不同。

在财务报表中，成本和利润都是以总额的形式来记录的。通过详细地对成本进行一一统计，最终显示出企业支出的总金额。

与此相对，**成本核算的结果则是为了把握每个产品的最终成本是多少**。因此，在最后阶段必须对每个产品的成本进行统计。

这就是所谓的以“单位产品”对成本进行的统计。

另外，为了以产品为单位对成本进行统计，我们还需要提前确定统计单位。最常见的是单个产品，当然也可以使用 10 个、100 个等单位。这里所说的“单个”被称为“成本单位”。

成本单位通常是个数，但也有根据各行业的特色采用小时、克、米、升等单位的。成本单位数量的产品被称为“单位产品”，每件单位产品所对应的成本就是“单位成本”。

啊，我已经头脑发蒙了！

怎么？要打退堂鼓了？你连说话都开始颠三倒四了！

哎呀，有什么产品单位、成本单位、单位产品，接下来是……

是单位成本啊！

您是故意把话说得如此绕口吗？

嗯，我是有点儿故意的（笑）。

成本会计核算和成本核算的第二个区别在于计算期不同。成本会计的计算期被称为“会计期间”，其与企业的“财年”是一致的。

● 成本核算是以月为单位进行的吧？

日本很多企业将财年定为当年4月至次年3月。这是因为在日本，政府和地方公共团体的会计期间是从当年4月至次年3月。只要与政府和地方公共团体的会计期间保持一致，就不会出现什么问题。

实际上，企业的财年是可以由企业自身来决定的。因此，也有很多企业将当年10月至次年9月定为财年。

另外，财年也未必是1年，只要能够经营6个月以上，企业便可以自由地决定自己财年的月数了。但是，实际上很少有企业会采取这样的做法。

与此相对，成本核算是以月为单位的吧（这一点我还是记得的）。

是的。

成本核算也是以设定的时间段为基础并计算该期间内产品生产的相关成本。这与成本会计的会计期间是不一样的。

成本核算的期间被称为“成本核算期”，通常是从日历上的 1 日开始到该月的月末结束。

心想：讲这些基础又简单的内容有什么用呢？

你或许会质疑这么基础的内容会有什么用呢？但是，这对理解成本核算却是大有用处的！

例如，我们如此烦琐地计算直接人工成本，是为了能够准确地把握单位成本。另外，特意将本月 20 日结算的工资调整至月末结算，是为了能够正确地统计成本核算期内的成本。

按“产品单位”进行统计并计算“单位成本”

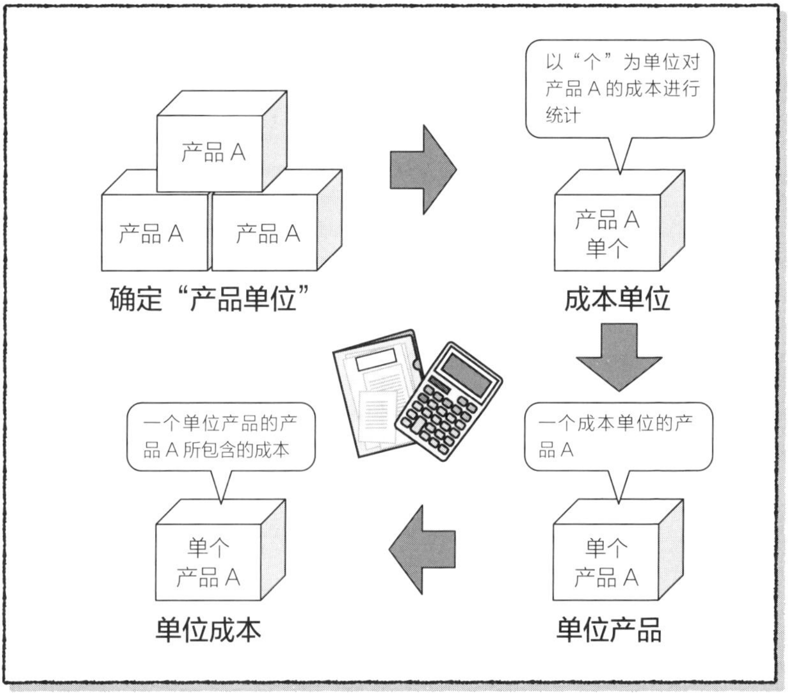

产品 A
产品 A
产品 A

确定“产品单位”

以“个”为单位对产品 A 的成本进行统计

产品 A
单个

成本单位

一个成本单位的产品 A

单个
产品 A

单位产品

一个单位产品的产品 A 所包含的成本

单个
产品 A

单位成本

如此，通过了解单位成本和成本核算期，我们便能够理解成本核算过程中各类计算的意义。

嗯……我好像明白了……

虽然这是最基本的知识，却是必须要理解和掌握的内容。因为不了解这些基础知识的话，就无法明白如何才能降低成本。

心想：我想快速且轻松地了解一下降低成本的方法！

难道成本的计算步骤是关键?

成本核算分为三个步骤

虽然我了解了单位成本和成本核算期的重要性，但是还是不明白成本核算是如何进行的。

那是因为你还没有了解整体内容吧?说到成本核算，其步骤是有详细规定的。如果你能够准确地把握各计算阶段及计算内容的话……

那样的话也许会很不错!难道这就是成本核算的关键?

现在是不是觉得我也是成本核算的高手了?

我可没有这样想。

成本核算的步骤为“先按照成本项目进行计算，然后按部门计算，最后按产品计算”(来自《成本核算基准》)。这三个步骤依次为：**按成本项目计算→按部门计算→按产品计算**。

按成本项目计算，指的是主要材料成本、报酬和外包加工费之类的吗?

的确如此。你现在不觉得我很优秀吗?

我并没有这样想。

成本核算的步骤一开始于对成本的分类，即我们在第 1 章和第 2

成本核算分为三个步骤

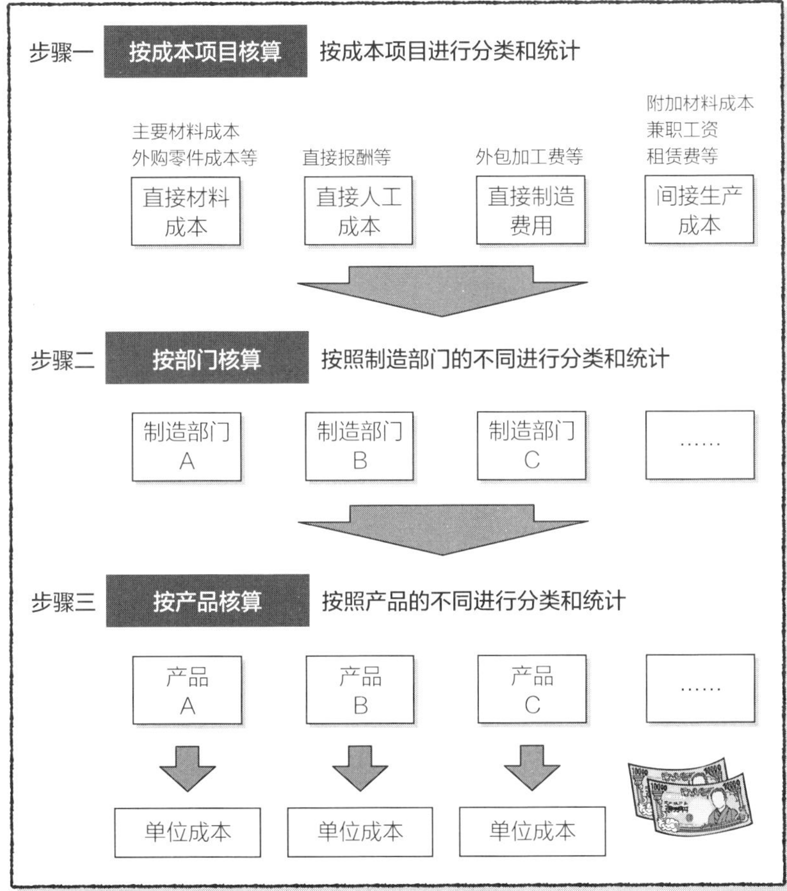

章所介绍的成本类别。最初的阶段虽然是成本会计的工作，但也是成本核算的第一环节。

按成本项目分类进行计算之时，除了要把握成本三要素之外，还需要对其进行直接成本和间接成本的分类。因此我们可以将其划分为“直接材料成本”“直接人工成本”“直接制造费用”以及“间接材料成本”“间接人工成本”“间接制造费用”。

步骤二是按照部门计算吧？从来没有人教给我该如何按照部门的类别来计算成本。

那你现在有没有觉得我很厉害？

并没有。

步骤二是按照部门类别进行计算。工厂内部通常被分为若干个部门。与其把工厂的成本汇总在一起，不如分部门计算。分部门计算会得到更为准确的结果。

因此，我们需要进一步按照部门的类别对步骤一中按成本项目分类所计算得出的成本进行统计。然而，唯一对成本进行分类的部门是制造部门。在工厂的所有部门之中，人力资源部、质检部和维修部等辅助部门并不直接参与产品的生产，所以不能归属于成本分类的对象。

间接成本的分摊也是从这个阶段开始的。

步骤三是最终阶段，即按照产品类别进行计算，也就是要计算单位成本。

哎呀，你居然学会使用专业术语了！你现在有没有觉得我的记忆力非常好？

并没有。

为了最终能够计算出单位成本，在步骤三中按产品对成本分类并汇总。

理论上，如果我们按产品计算并用所得金额除以产品制造数量的话，就可以计算出每件产品的成本——单位成本。

步骤一“按成本项目计算”究竟计算的是什么呢?

按成本项目对成本进行分类统计

那么，就从步骤一“按成本项目计算”开始讨论吧!

你现在这么有干劲啊!

当然有干劲了！这样我也将成为成本核算高手了!

你果然是这么想的。

按成本项目计算既是成本会计的成本核算环节，也是成本核算的第一阶段。当然，成本会计实际上也会按照销售成本及管理费用的成本类别分类计算。

正如财务经理在前文中提到的那样，销售成本及管理费用是由成本会计进行统计并记录到财务报表中。

对，的确是财务经理说的。销售成本及管理费用也是按照形式和功能来进行分类的。我记得也很清楚，我是不是也很优秀呢!

你果然是这么想的。

另一方面，**生产成本的成本项目是成本核算的重要组成部分。生产成本的成本项目是指成本三要素，即材料成本、人工成本和制造费用**。

这些成本项目，从形式上可分为采购费用、报酬和折旧费等。从功能的角度出发，可分为主要材料成本、间接作业报酬等。

此外，它还可分为直接成本和间接成本，例如直接工人的直接人工成本属于“直接报酬”的成本项目，而间接工人的间接人工成本则属于“间接报酬”的成本项目。

嗯，我一直以为“直接人工成本”这个名字很奇怪，原来还存在“直接报酬”这个成本项目呢！

你果然是这么想的。

通过以上按成本项目的计算（分类），成本项目可以按照下图左侧所示进行分类。

按成本项目进行计算就是按照这样的成本项目分类方式来对每个成本项目的成本进行统计。

嗯，到目前为止，您所讲解的基础知识我都能理解了。我的记忆力可真好！

你果然是这么想的。

根据直接成本和间接成本的分类方式，所有的成本项目都可以被划分为直接材料成本、直接人工成本、直接制造费用、间接材料成本、间接人工成本和间接制造费用六类。

如图所示，直接材料成本、直接人工成本、直接制造费用这三种属于直接成本，而间接材料成本、间接人工成本和间接制造费用这三种则属于间接成本。

其中，**作为直接成本的直接材料成本、直接人工成本和直接制造费用要跳过分部门类别计算环节，并直接按照产品类别计算**。

但是，间接材料成本、间接人工成本和间接制造费用要按部门类别进行计算并分摊。

这种分摊不是作为间接材料成本、间接人工成本和间接制造费用来进行的，因此，没有必要再对间接材料成本、间接人工成本和间接

按照成本项目类别对成本进行分类计算

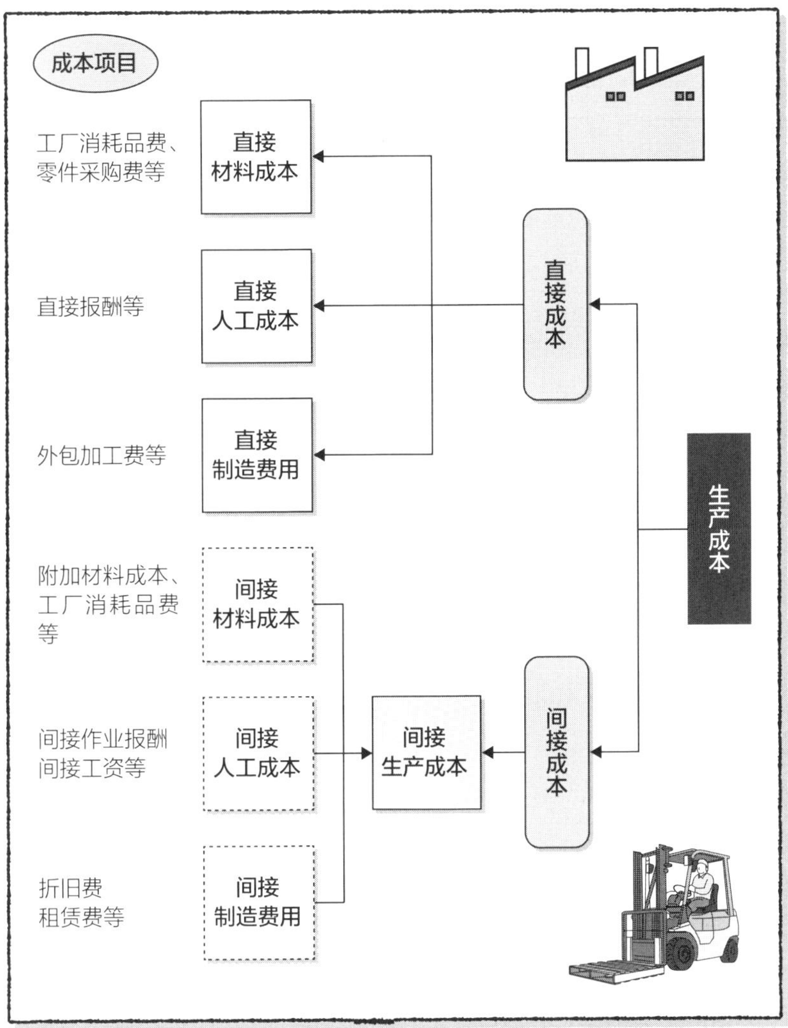

制造费用进行分类。

因此，在按成本项目进行计算的环节之中，通常将上述三个要素统称为“间接生产成本”。之后，如果再遇到“间接生产成本”这个专业术语，大家就可以将其理解为间接材料成本、间接人工成本和间接制造费用的统称。

步骤二“按部门计算”为何如此重要？

准确分类之后才能够确定合适的分摊标准

我还是第一次听说要按部门计算，那么它为何如此重要呢？

那是因为在这个阶段要进行间接成本的分摊。

在步骤二“按部门计算”的过程之中，我们需要进一步按照部门的类别对步骤一中按成本项目分类所计算得出的成本进行统计和分类。那么，为什么要按部门类别进行分类呢？因为这里也涉及间接成本的分摊问题。

● 分摊间接成本的关键在于确定怎样的分摊标准

在间接成本的分摊过程中，使用的分摊标准是非常重要的。如果从按成本项目计算直接跨越到按产品计算的步骤，那么间接成本的分摊就会按照同一个分摊标准来进行。这就意味着我们无法选择出合适的分摊标准。然而，如果我们能够提前按部门计算的话，那么每次便都可以选择出最合适的分摊标准，进而可以进行更为合理地分摊。另外，从成本管理的角度来看，按部门计算的话，有利于更加明确各部门应当承担的成本责任。此外，管理者在分析公司的经营状况以及制定经营决策时，也可以从按部门计算的环节中获得灵感和启发。

那么，把成本按部门计算是为了分清各部门的成本吗？比如，这个成本是生产部门产生的等。

可没有那么简单。因为……

对成本进行分类的“部门”与作为企业组织设置的“部门”并不完全相同。因为这里所谓的“部门”是为了对成本进行分类而做出的区分，所以有时在某个企业组织部门中存在多个为对成本进行分类而设定的“部门”，而有时也会将多个企业组织部门合并成为一个对成本进行分类的“部门”。

这种旨在对成本进行分类的区分方式就是“成本部门”。为了按部门计算，有时会对某个企业组织部门进行拆分，有时又会把若干个企业组织部门集中起来以确定“成本部门”。这一过程被称为“设定成本部门”。

但是，为了便于计算，有时也会将某个组织部门设定为一个成本部门。

另外，**如果只有一个成本部门的话，我们也可以将该成本部门划分得更为细致**。此时，对成本进行分类的最小单位叫作“成本中心”。

因为成本部门这个概念是第一次出现，所以我要比平时进行更为详细的说明。如果你不能很好地了解这一点，那么后面就麻烦了。

成本部门可以分为“制造部门”和“辅助部门”。其中，制造部门是指直接进行制造作业的部门。比如在一家制造机械的企业中，加工部门和组装部门等就属于制造部门。

辅助部门则是指辅助制造部门工作的部门，而辅助部门也大致分为“辅助经营部门”和“工厂管理部门”两类。

● 该如何区分辅助经营部门和工厂管理部门？

辅助经营部门是间接辅助制造的部门。例如，动力部门、维修部门和质检部门等都属于辅助经营部门。与此相对，工厂管理部门是指负责工厂管理工作的部门。例如，工厂的材料部门、人力资源部门和行政部门等都属于工厂管理部门。

“按部门计算”中的“部门”指的是什么？

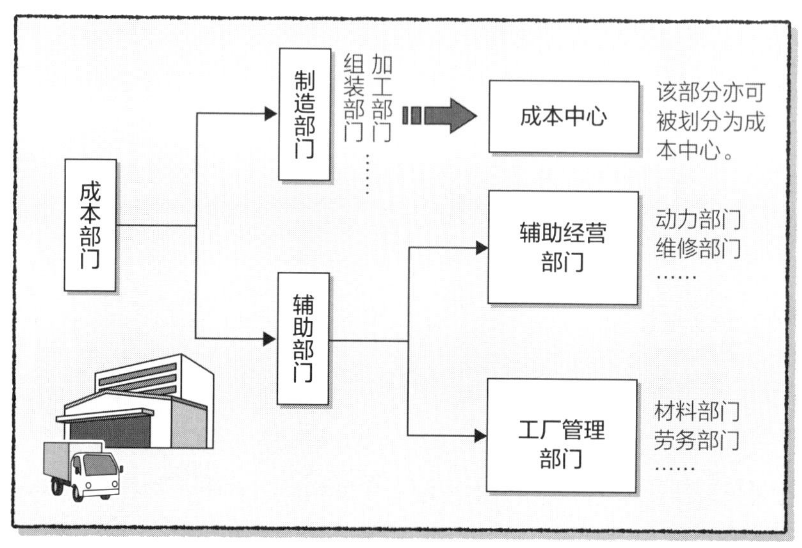

那么，如果按部门计算的话，间接生产成本又可分为制造部门、辅助经营部门和工厂管理部门三类。

可没有那么简单。因为……

按照部门计算并不意味着要将间接生产成本分配到所有部门。间接生产成本最终只会在制造部门进行分类和统计。这是因为成本核算的最后阶段是要按照产品类别进行分类计算，但辅助部门并不直接参与该产品的制造过程。间接生产成本只能被直接分配到产品的制造部门之中。因此，被分配到辅助部门的间接生产成本在下一阶段中就要被重新分配到制造部门之中。具体内容参见下文。

什么？在步骤二中还存在两个阶段？

“制造部门成本”和“辅助部门成本”是分开的

按部门计算也要分为两个阶段来进行。在第一阶段中，我们要将间接生产成本分配到所有部门；在第二阶段，我们要将分类到辅助部门的部分再分配至制造部门之中。

按部门计算是成本核算的第二个步骤，那么其是否又可被细分为两个阶段呢？问题没那么简单吧？

的确没有那么简单啊！

在按部门计算的第一阶段中，首先要将间接生产成本分为特定部门所有和各部门共有这两大部分。即便是间接生产成本，我们也要明确该成本所发生的部门并事先进行划分。

其中，**能够明确成本发生部门的部分为“部门个别成本”，而成本发生部门无法明确的部分则只能作为“部门共同成本”**。

部门共同成本已经无法再进行更为细致的分类，因此只能按照某种标准分配给制造部门。另一方面，部门个别成本又可细分为发生于制造部门的“制造部门成本”和发生于辅助部门的“辅助部门成本”。其中，制造部门成本是产品制造部门所产生的部分，因此可以将其直接分配至制造部门。

但是，辅助部门成本需要再次被分配给制造产品的制造部门。

接下来要进入下一项了！

在"按部门计算"的环节中对生产部门进行分类

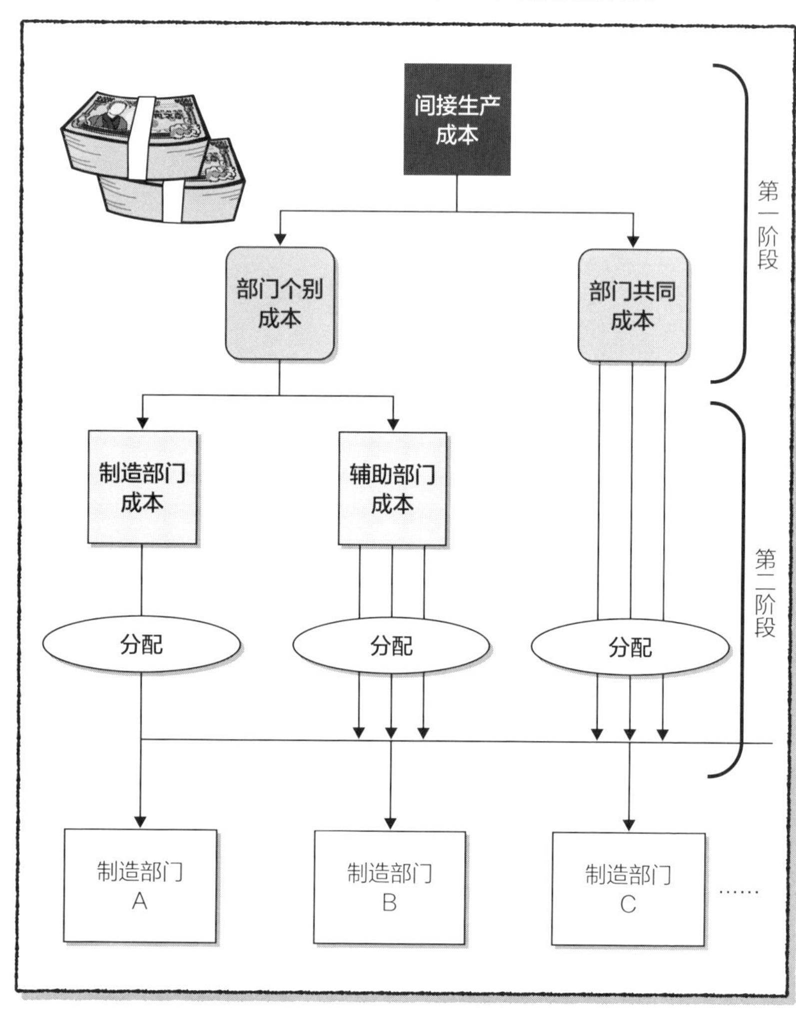

作为分配间接成本的“分摊标准”究竟是什么？

辅助部门成本要依照标准以三种方式来进行分配

在各部门计算完毕之前，部门共同成本、制造部门成本以及辅助部门成本等要素必须全部分配至制造部门来进行统计，否则就无法进入步骤三——“按产品计算”。

这太难了！如果没有将成本核算作为一个整体来连贯考虑的话……经理，请帮帮我吧！

就算你不说，我也会努力想办法帮你理解的。

在制造部门的分类统计过程之中，制造部门成本、辅助部门成本和部门共同成本所适用的方法各不相同。

分配是为了明确成本所发生的部门吗？

正如前文所述，我们可以将制造部门的成本分配给那些发生这些成本的制造部门。**这种对间接成本进行分配的行为被称为“分摊”**。

我们要将辅助部门成本放在后文中介绍，而先讨论的是部门共同成本。如前文所述，部门共同成本是按照某种标准分配至制造部门的。换言之，它是根据分摊标准来进行分配的。

比如电费、燃气费和水费等是以工作时间和机器运转时间为单位来计算的。如果我们对所有制造部门的机器运转时间进行统计的话，例如制造部门 A 的机器运转时间占总运转时间的 10%，那么就要将电

费总额的 10% 分摊至制造部门 A。

另外，通信费和差旅费则适合以工作时长和制造部门的人数等作为分配标准。

剩下的就是存在问题的辅助部门成本了。经理，加油！

在辅助部门成本的分配过程中存在一个问题。

在辅助部门成本的分配过程中存在一个问题，那就是辅助部门之间会互相提供服务。

● 存在三种分配方式吗？

比如，人力资源部门负责人员管理和社会保险等事务。这些服务不仅要提供给制造部门，而且也要提供给其他辅助部门。我们核算这些服务的方法会直接影响到制造部门的成本分摊。

要解决这个问题，我们可以采取如下三种“分配法”。

第一种是**“直接分配法”**。假设辅助部门之间不存在相互服务的话，那么便可以直接将服务费用分摊至制造部门。这种计算方式非常简单，所以该方法在企业中得以广泛应用。

第二种是**“阶梯式分配法”**。根据提供服务量的不同，对辅助部门进行排序，再按照排序将成本分摊至制造部门。其计算表如同阶梯一样。

第三种是**“交叉分配法”**。这种分配法并不会对制造部门和辅助部门进行区分，而是将某个辅助部门的成本分配给其他辅助部门，再由这些部门交叉分摊。

我们要依照分摊标准并选择恰当的分配方法来对辅助部门成本进行分摊。

间接生产成本的“归集”和“分摊”指的是什么？

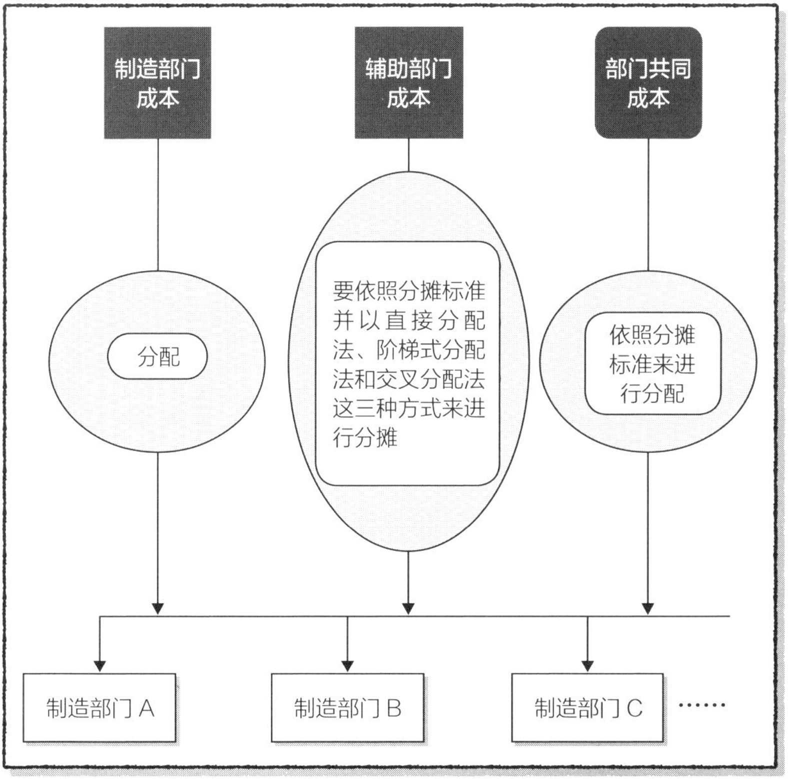

制造部门成本要依靠归集，辅助部门成本要依照分摊标准并选择恰当的分配方式来进行分摊，部门共同成本要按分摊标准来进行分摊。如此，各部门的成本核算就可以宣告结束了吧？

已经结束了。接下来就要进入最后阶段——按产品计算。

太棒了！终于进入最后阶段了！

终于进入最后阶段——按产品计算！

把制造部门的成本分摊到产品中

终于到了要按产品计算的环节了！好了，快点儿开始吧！

好的，别着急。按产品计算与按部门计算不同，它需要将直接成本和间接成本统计在一起计算。因此，先让我们在该阶段观察一下直接成本和间接成本是如何关联的。

在步骤一“按成本项目计算”的过程中，成本可分为直接材料成本、直接人工成本、直接制造费用以及间接生产成本这 4 个类别。

● 步骤一是按成本计算。接下来的环节是……

其中，直接材料成本、直接人工成本、直接制造费用这三种要素包含于所有产品之中。在按产品计算的阶段，我们可以统计出产品 A 和产品 B 分别包含了多少上述成本要素。

另一方面，我们无法明确地计算出每个产品所包含的间接生产成本。因此，在按产品计算的阶段，需要对部门个别成本、部门共同成本、制造部门成本和辅助部门成本进行分类，并最终汇总至制造部门成本中。

换言之，我们只能统计出每个制造部门的金额，却并不能确定产品 A 和产品 B 等不同产品所包含的成本。

制造部门成本还需要进行分摊吗？

是的。按产品计算的前提是要将制造部门成本分摊到产品之上。

在按成本项目计算的阶段，直接材料成本、直接人工成本、直接制造费用的分类就已经结束，之后要跳过按部门计算的环节，直接进入按产品计算的环节。但是，间接生产成本在按部门计算的阶段之中被分类至制造部门成本后便不再进行更为细致的分类。如果我们在按产品计算的阶段没有选择适当的分摊标准，那么是无法顺利地将成本分摊到产品之中的。

按产品计算来分摊“制造部门成本”

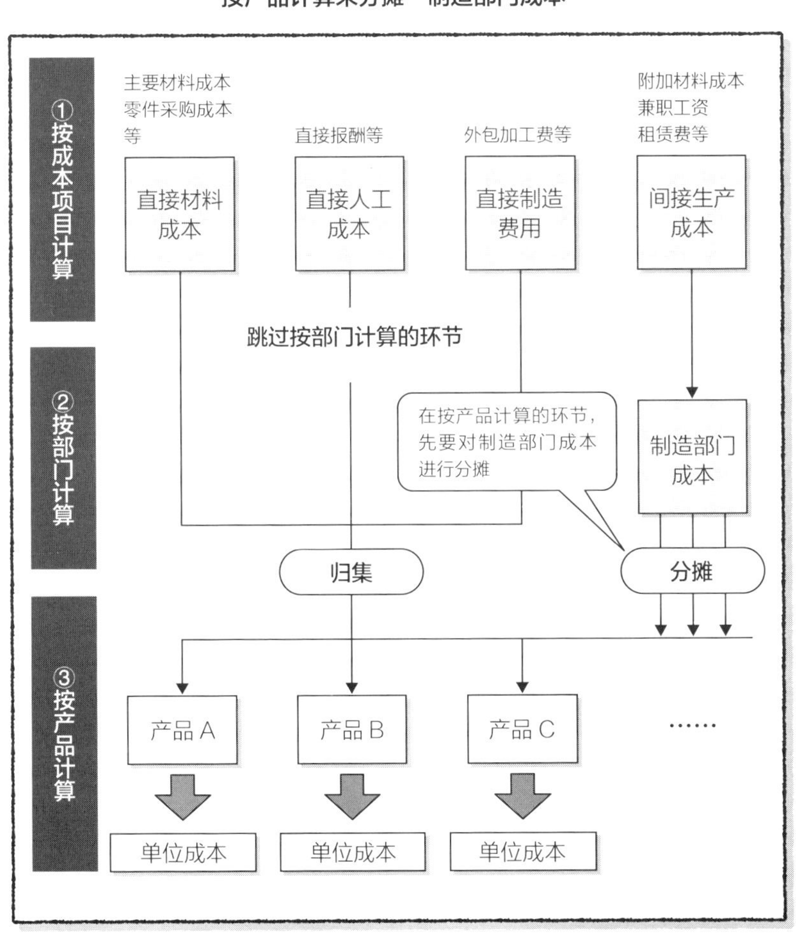

制造部门成本分摊到产品中要遵循的标准也是多种多样的。

直接材料成本作为最具代表性的产品生产成本，其金额也是通过成本项目来进行明确计算的。因此，我们可以直接将材料成本金额作为分摊标准。

例如，假设产品 A 的直接材料成本是 60 万日元，产品 B 为 30 万日元，产品 C 为 10 万日元。按照直接材料成本的比例（A ：B ：C = 6 ：3 ：1）来对制造部门成本进行分摊。

假设制造部门成本为 200 万日元，那么分配给产品 A、B、C 的金额分别为 120 万日元、60 万日元、20 万日元。如此，我们可以将直接材料成本作为基准来进行分摊。

以直接材料成本作为分摊标准吗？这很容易理解呢！那就早点儿进行分摊吧！

好的，别着急。以金额为标准进行分摊的方法也有很多。急于快速减少成本的想法是不明智的。如果你没有学会计算，就不会知道如何降低成本。

以直接材料成本金额为标准进行分摊的方法被称为“直接材料成本法”。除此之外，还有一些以金额为标准进行分摊的方法。

● 直接材料成本法？真让人费解啊！

与直接材料成本法一样，以直接工人的直接工资为标准进行分摊的方法被称为“直接人工成本法”。另外，还有一种被称为“主要成本法”的方法。所谓“主要成本”是指直接材料成本和直接人工成本的集合。

是以直接材料成本和直接人工成本的集合作为分摊标准吗？这个也不错啊！那就用“主要成本法”来尽快进行成本分摊吧！

好的，别着急。还有一些以数量为基准进行分摊的方法。

除了以金额为标准，还存在一些以数量、质量和时间等单位量作为标准进行分摊的方法。

从最简单的角度考虑，以生产的产品数量为基准进行分配的方法被称为“产品数量法”。在无法确定数量的情况下，可以用质量代替数量来进行分配，这就是所谓的“质量法”。

另外，以直接工作时间代替直接工人的直接工资作为标准来进行分配的方法是“直接作业时间法”。同理，“机器运转时长法”则是以机械运转的时间为分配基准的。

制造部门成本的分摊标准

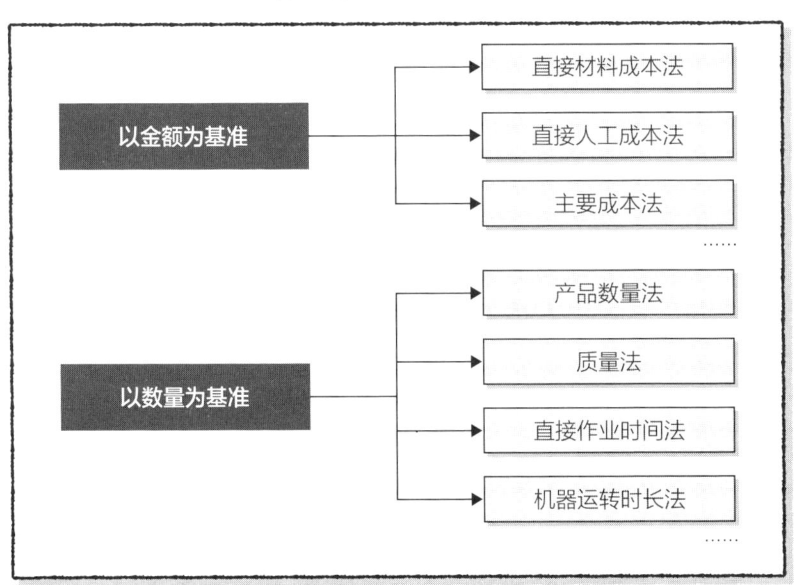

无论是以金额作为标准还是以数量作为标准，都可以对制造部门成本进行分摊了吧？那就快点儿进行分配并结束这一步骤吧！

好的，别着急。在这一章的开头我不是说过了嘛，所谓成本核算就是计算单位成本。接下来，让我们进入下一项吧！

要完全把握“单位成本”的计算，还有很长的路要走

我们需要把半成品纳入计算范围之内来计算单位成本

这样啊！如果只是按产品类别来征收直接成本或者分摊间接成本的话，是远远不够的。因此，我们要计算出每个产品所包含的成本。那么，就快点儿结束按产品计算环节吧！

好的，别着急。你真是个急性子啊！单位成本的计算也有点儿麻烦呀！

为什么？难道不是只需用按产品计算出的成本除以产品数量就可以了吗？

可没那么简单！因为……

一般来说，追求单位成本——每个产品所包含的成本并非易事。虽然用按产品计算出来的成本直接除以产品数量就可以了，但是却存在一个问题。

● 必须将制造过程中的半成品成本纳入计算范围内！

一般的制造业企业都会连续生产同一种类的产品。另外，从开始到完成产品的制造需要消耗一定的时间。

其结果就是，生产线上总会留有一些处于生产过程之中的产品。这种在制造过程中尚未完成的产品被称为“半成品”。

是制造过程中的半成品吗？确实，如果我们不想办法的话，就无法准确地计算出单位成本。

看来你已经放弃快速进行成本核算了。

单位成本的计算公式如下：

成品成本 ÷ 成品数量 = 单位成本

● 成品的数量可以很快地统计出来，但是要计算成品成本却有点儿麻烦

虽然我们可以很快地统计出来成品的数量，但是成品的成本却和半成品有着千丝万缕的联系，因此问题会变得稍微有些复杂。

换言之，**在上期末形成成品并于当期形成成品的产品中所包含的成本要计入当期成品成本之中，而于当期期末未形成成品的半成品所包含的成本则不计入当期成品成本之中**。

唉，真麻烦啊！

换言之，这就需要加上上期期末的半成品的成本，并减去本期期末的半成品成本。

在实际的成本核算过程中，为了统计前文中所提到的每个产品的成本，我们需要制作一张“成本核算表”。使用成本核算表统计出来的就是图中所示的“当期生产成本”。

当期生产成本的计算流程分为两条线，其中一条是直接材料成本，另外一条是除直接材料成本之外的成本，即所谓的“加工成本”。其原因将在下文中详细说明。

另外，当期生产成本是指前文中所提到的每个产品的成本。因此，我们首先要在这个基础上将上期期末半成品成本纳入计算范围。

要加上上期期末的半成品成本，那么怎样才能统计出上期期末的半成品呢？

仔细想一想！你看，我们在求所用材料数量的时候……

啊，是盘点库存！

通过加减半成品成本来计算成品成本

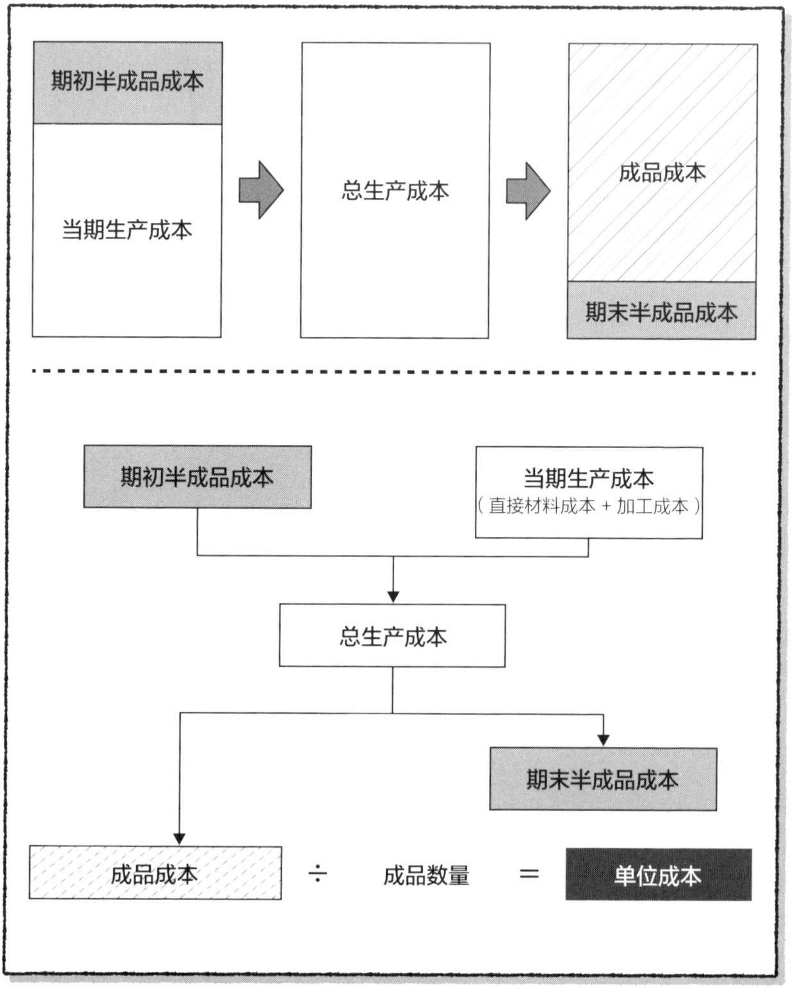

总生产成本中包含了期初的半成品成本！

在上期期末（即当期期初），我们要对半成品进行盘点，以确定“期初半成品成本”。之后，要将其加入当期生产成本之中。这就是所谓的“总生产成本”。

总生产成本包括了当期的成品成本和当期期初（上期期末）生产线上剩余的半成品的成本。那么，当期成本包含当期期末生产线上剩余的半成品成本吗？答案是显而易见的（不包含）。接下来，我们必须要将这一部分排除在外。

因此，同当期期初一样，我们在当期期末只需要对半成品进行盘点就可以了。从总生产成本中减去“期末半成品成本”之后，剩下便是成品成本。

用该成品成本除以成品数量得到的就是单位成本。

终于计算出单位成本了！咦？但是，半成品的成本该如何计算呢？因为它们还处于制造过程中，所以半成品成本和成品成本是不一样的吧？

的确如此。总生产成本包括成品成本和期末半成品成本。

从总生产成本之中减去期末半成品成本之后，剩下的就是成品成本。因此，我们必须想方设法计算出期末半成品成本。这个方法就是……

啊？还要继续呀？！好漫长的路途啊！我现在因为用脑过度已经头昏脑涨了。加油吧！

我们该如何对制造过程中的半成品成本进行计算呢？

根据当期生产成本来计算期末半成品成本

因此，我们要计算期末半成品成本。

咦？难道不是首先计算期初半成品成本吗？

如果能够计算出当期期末的半成品成本，那么就可以直接将其作为下一期的期初半成品成本来使用。因此，我们只需计算期末半成品成本就可以了。

计算期末半成品成本的目的是掌握期末半成品成本在总生产成本之中的占比，从而计算出成品成本。

● 我们首先要考虑直接材料成本

顺便一提，当期生产成本要分为直接材料成本和其他加工成本（间接材料成本、直接人工成本、间接人工成本、直接制造费用、间接制造费用）来进行计算。实际上，半成品成本也是要分为直接材料成本和加工成本来进行计算。因此，我们首先要考虑直接材料成本。直接材料成本是指构成产品主要部分的材料成本，因此普遍认为该部分成本已经在制造过程中消耗殆尽了。换言之，每个成品所包含的直接材料成本与半成品的直接材料成本是一样的。因此，总生产成本之中的直接材料成本可以按成品和半成品的数量占比来分配。例如，如果半成品的数量是 10 个，成品的数量是 100 个，那么直接材料成本的 $\frac{10}{110}$ 就是期末半成品成本，剩下的就是成品成本。

原来如此！这就是为什么只对直接材料成本进行分类。

如果每个半成品和成品所包含的直接材料成本相同的话，那么很容易就能够计算出半成品成本。但是加工成本的计算就没有那么简单了。

不能将直接材料成本的计算方法应用于加工成本的计算中。

● 加工成本是通过“成品换算量”来计算的！

加工成本是间接材料成本、直接人工成本、间接人工成本、直接制造费用和间接制造费用的集合。在尚处于制造过程中的半成品中，不但包含了仍需要投入人工成本的部分，而且接下来还要继续消耗电费、燃气费和水费。

换言之，**半成品的加工成本应该低于成品的加工成本**。

我们可以通过换算的方式来建立起半成品与成品之间的联系。具体来说，**就是要通过“×× 个半成品 =1 个成品”的公式来进行换算，并以此来计算加工成本**。

为此，我们在进行盘点的时候，需要逐个评估半成品的完成程度。准确地讲，这种完成度被称为“加工进度”，是用百分比来表示加工进度的数字。原材料状态下的加工进度为 0，但伴随着产品加工的不断推进，该数值逐步提高至 100%。

用“×× 个半成品 =1 个成品”的公式对二者进行换算简直太有趣了！

在逐个完成对半成品加工进度的测评后，接下来就要计算半成品的“成品换算量”。换言之，就是要计算出所有的半成品相当于多少个成品。

例如，如果有 4 个加工进度为 25% 的半成品，那么其成品换算量就是 1 个；如果有 6 个加工进度为 50% 的半成品，那么其成品换算量就是 3 个；如果有 10 个加工进度为 20% 的半成品，那么其成品换算量就是 2 个。

以此类推，我们就能够计算出整体的成品换算量。

在准确地计算出成品换算量之后，再结合成品的数量，便可以计算出成品成本及单位成本。

例如，如果半成品的换算量是 5 个且成品的数量是 100 个，那么加工成本的$\frac{5}{105}$就是期末半成品成本，剩下的便是成品成本。

综上所述，将计算出的直接材料成本和加工成本相加，就可以计算出期末半成品成本。之后，将期末半成品成本从总生产成本中剔除的话，剩余的便是成品成本。最后，用该成品成本除以成品数量，便可以计算出单位成本。

另外，当期的期末半成品将成为下一期的期初半成品，我们用该数值加上下一期的当期生产成本便可以计算下一期的总生产成本。

真有趣！只要把半成品换算成为成品，便可以计算出期末半成品成本、单位成本，甚至下一期的总生产成本。

是的。

将期初半成品成本和当期生产成本中的哪一个先纳入成品成本中？

为什么要这么做呢？请大家回想一下材料消费价格的计算过程。

材料采购顺序有先后之后，无论采用“先进先出法”还是“后进先出法”，都会对成本变化造成一定的影响。同样的情况也发生在期初半成品成本和当期生产成本核算过程中。

因为虽然成品成本属于当期成本，但期末半成品成本则要纳入下一期的成本之中。

通过“成品换算量”对加工成本按比例分配

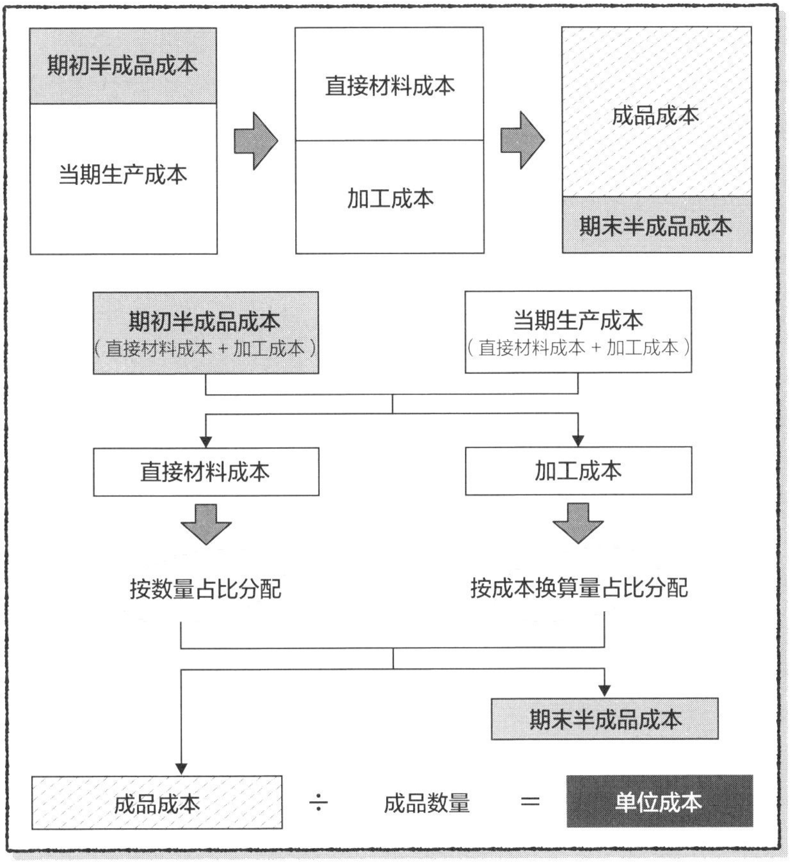

期初半成品成本
当期生产成本
→
直接材料成本
加工成本
→
成品成本
期末半成品成本

期初半成品成本（直接材料成本＋加工成本）
当期生产成本（直接材料成本＋加工成本）

直接材料成本 → 按数量占比分配
加工成本 → 按成本换算量占比分配

期末半成品成本

成品成本 ÷ 成品数量 ＝ 单位成本

在计算期初半成品成本和当期生产成本的时候，“平均法”“先进先出法”和“后进先出法”是三种具有代表性的计算方法（其中，“后进先出法”不能应用于实际成本核算）。

按照与材料消费价格相同的计算思路，我们需要决定将期初半成品成本和当期生产成本中的哪一个先纳入成品成本之中。

至此，我们已经达成了成本核算的目标——计算单位成本。接下来就要说一说关于综合成本核算和个别成本核算的话题了。

综合成本核算和个别成本核算指的是什么呀？

将期初半成品成本和当期生产成本的哪一个先纳入成品成本中？

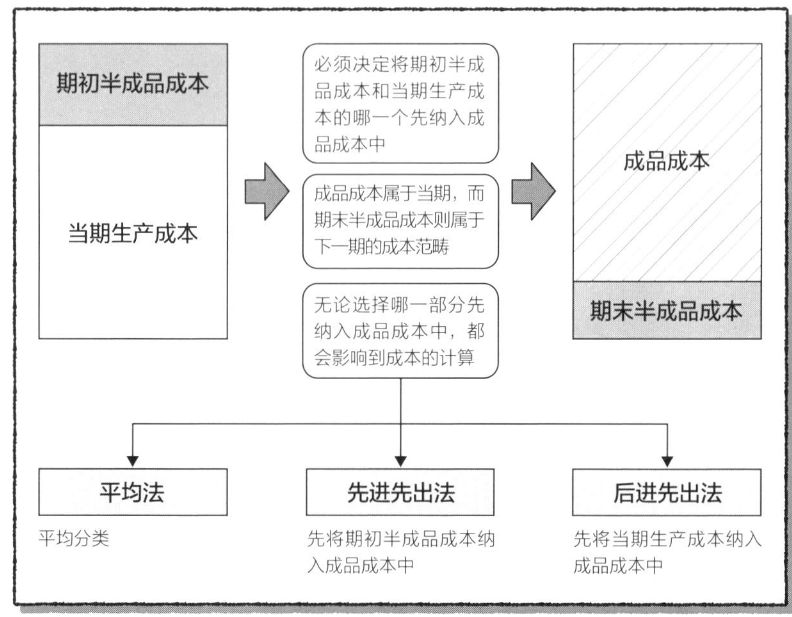

截至目前讲的都是“综合成本核算”

根据产品种类的不同，按产品计算的方式也会不同

前面介绍的是综合成本核算，与此不同的是个别成本核算。你是不是觉得我早就应该告诉你这些？

是的，有点儿这样的感觉。

嗯，你有这种想法也是可以理解的。

“综合成本核算”是一种按照产品类别进行成本核算的方式，其主要应用于连续生产同一种类产品的情况。换言之，它是采用大规模生产模式的普通制造业公司经常运用的产品类别成本核算方式。

● 还是要按照产品类别进行成本核算

另一种按照产品类别进行成本核算的方式叫作“个别成本核算”，它主要适用于订单生产模式。关于这一点，我将在下文中进行详细说明。

刚才您一直在强调按照产品类别进行计算，那么按成本项目计算和按部门计算有什么不同吗？

按成本项目计算和按部门计算是相似的。它们都是按成本项目进行分类，然后对间接生产成本进行分摊，之后将其分类归集于制造部门成本之中。

什么嘛！还给它起了“综合成本核算”这么一个厉害的名字，我还以为“综合成本核算”是一种新的成本核算方式呢！

当然还存在与之完全不同的成本核算方式，我们稍后会讨论这个问题（见第 4 章）。

采用大量生产模式的企业一般都会选择按照产品类别进行成本核算，即综合成本核算。但根据产品的种类和生产工艺的不同以及产品的等级差异等，该计算方式的具体分类如下图所示。

“综合成本核算”的具体分类

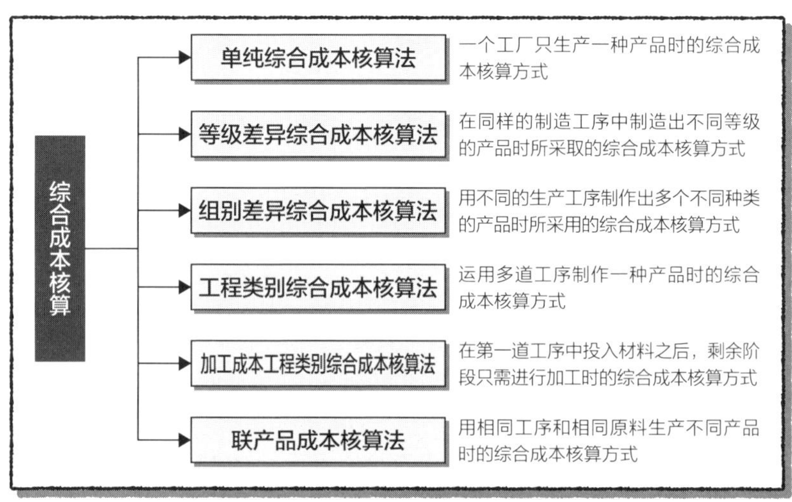

虽然上述方法基本相同，但不同产品的计算方法还是略有差异的。

单纯综合成本核算是综合成本核算的基本方法。

● 最基本的是单纯综合成本核算

综合成本核算中最基本的是“单纯综合成本核算”，它适用于一家工厂只生产一种产品的情况。

一个工厂只生产一种产品，的确很单纯呀！

其次，在有等级划分的产品中要使用等级差异综合成本核算法。

在同样的制造工序中制造出不同等级（如1级、2级等）的产品时，要采用的产品类别计算方法为“等级差异综合成本核算法”。

那么“组别”指的是什么呢？

就是指产品的不同生产工序。

用不同的生产工序制作出多个不同种类（并非等级差异）的产品时，要采用“组别差异综合成本核算法”。这是一种在电器零件制造、电器备件制造等行业中很常见的计算方法。

● 什么是“工程类别综合成本核算法”？

有时也会因为工序数量的不同而需要对成本进行分类计算。

从工序的数量差异来看，如果一种产品是由多道工序来制造完成的，那么就要采用“工程类别综合成本核算法”。

在化学工厂和食品加工厂之中，即使是生产一种产品，往往也需要使用多道工序。

即使是使用同一道工序进行生产，其加工成本的产生方式也会有所不同。

加工成本是指除直接材料成本以外的成本吧？

采用工程类别综合成本核算法的前提是使用多道工序进行制造。但即使同样是采用多道工序进行产品制造，原材料也有可能在第一道工序中就已经全部投入使用。

在后面的工序中，只有加工成本会发生。此时，我们就要采用“加工成本工程类别综合成本核算法”。

● 煤油和汽油等要使用“联产品成本核算法”

最后要讲的是“联产品成本核算法”。

什么是“联产品”？

嗯，比如重油、轻油、煤油、汽油之类的。

所谓“联产品”是指用相同的工序和相同的原料生产出不同的产品，且无法确定哪个产品是主要产品。

就像生产经理所举的例子一样，在石油提炼行业中从重油到汽油的提炼过程就是一个典型的例子。

为什么只有在计算联产品成本时，没有了“综合”二字呢？

简单地说，就是因为它很特殊。你只要这样想就可以了。

因为联产品是使用同样的工序和原料制作而成的，所以不同产品之间的差异也仅限于提纯程度的不同，却很难找出物理上的差异。因此，我们要采用先将所有成本汇总在一起，然后再按照比例进行分摊的特殊成本核算方式。

在此我们要省略烦琐的说明，因为它不适用于其他的综合成本核算情景，而且在综合成本核算方法中也是独特的存在，所以要进行区别对待和使用。

以上是按照产品类别进行成本核算的不同方式。不过，实际情况可能不太一样……

现实中，并非只有符合以上按照产品类别进行成本核算的情况存在。因此，我们有时会综合运用多种计算方式，如“组别工序差异综合成本核算法”等。

什么是“个别成本核算”？

在订单生产模式中计算个别成本

总体而言，个别成本核算才是成本核算的基本形式。毕竟，我们要等产品制造完成且确定成本之后才能够进行计算。

按照基本常识来讲，您应该最先给我讲这部分的知识呀！

采用综合成本核算方式的企业要多得多。像我们面包制造工厂采用的也是这种成本核算方式。至于个别成本核算……

谈到个别成本核算，请大家想象一下造船、建筑和大型机械制造等行业。

这些行业基本采用订单生产模式，根据订单内容的不同所生产的产品也会有所差异。

● 对“个别成本核算”和“综合成本核算”进行比较

当我们无法像大规模生产模式那般对成本进行汇总计算时，就必须计算个别成本了。因为一开始就是单独计算个别成本，所以在成本核算的最后就没有进行单位成本核算了。另外，因为成本核算是在产品完成之后才开始进行的，所以也没有必要确定成本核算期。由于没有确定成本核算期，所以也不会出现半成品。

那么，进行综合成本核算的企业就丝毫不会用到个别成本核算吗？

并非如此。即使是采用综合成本核算法的企业，如果它在制造本企业所使用的机械或房屋时，利用了本企业的设备或人工，那么它在计算机械或房屋的成本时，也会采用个别成本核算法。因此，还是提前了解一下这个方法比较好。

个别成本核算需要制作“生产订单”

在个别成本核算中，企业在接到订单后，先要发布“特定生产指令书”。

此时，首先需要确定“特定生产指令书编号”，然后根据这些编号来进行后续的成本统计。在特定生产指令书上，除了包含编号以外，还记录了产品名称、生产开始日和预计完成日等信息。

在发布特定生产指令书的同时，企业还需要准备好带有该特定生产指令书编号的“成本核算表”。这是为了对以后发生的成本进行整理统计。

虽然综合成本核算也会用到成本核算表，但是这些成本核算表是以每个成本核算期间为单位来制作的，而个别成本核算的成本核算表则是针对每个产品的。

每个产品都需要有一张特定生产指令书和一张成本核算表……这很容易理解啊！

的确很简单吧？因为咱们之前一直在就复杂的综合成本核算进行讨论呀！

个别成本核算的成本核算表大致可以分为直接成本栏和间接成本栏。

成本核算表大致分为两类

就直接材料成本、直接人工成本和直接制造费用这三种直接成本而言，当其发生之时或者在成本核算期内都要计入直接成本栏。

与此相对，间接材料成本、间接人工成本和间接制造费用同综合成本核算一样，需要在作为间接生产成本被汇总之后，再进行分摊计算，最后定期计入间接成本栏。

这个也非常容易理解。咱们企业也放弃综合成本核算，改为个别成本核算，怎么样？

当然不可以。因为个别成本核算适用于有差别地生产不同种类产品的情况。如果要采用这种方式的话，就必须改变所有的面包种类，并要一个一个地单独制作。

用个别成本核算法来统计成本始于产品制造完成之时。在个别成本核算的成本核算表中，也设有合计栏。

因此，在产品制造完成之后，我们要对间接生产成本的剩余部分进行计算，并不再对直接成本栏和间接成本栏进行内容添加。之后要对封闭了的直接成本栏和间接成本栏进行统计，这样就可以计算出生产成本了。

好了。综合成本核算和个别成本核算的话题到此结束。

结束了吗？我还想请教您一个问题。其实，我想向副总经理提出关于成本管理的相关意见，您能推荐给我一些资料吗？

成本管理吗？我曾经为了学习成本而阅读过几本入门书。现在我把它们借给你，你来读一读怎么样？

真的吗？那太棒了！我一定会努力的！

个别成本核算流程

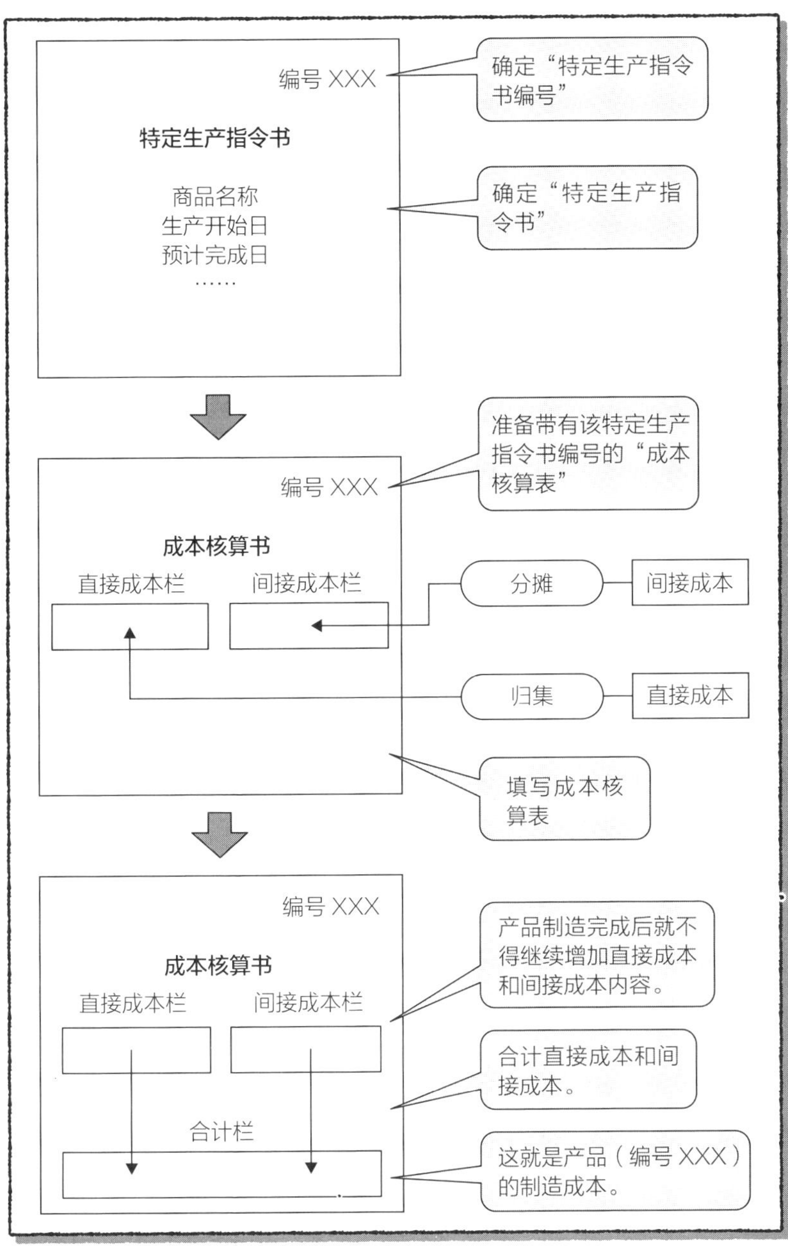
编号 XXX
确定“特定生产指令书编号”
特定生产指令书
商品名称
生产开始日
预计完成日
……
确定“特定生产指令书”
编号 XXX
准备带有该特定生产指令书编号的“成本核算表”
成本核算书
直接成本栏
间接成本栏
分摊
间接成本
归集
直接成本
填写成本核算表
编号 XXX
成本核算书
直接成本栏
间接成本栏
产品制造完成后就不得继续增加直接成本和间接成本内容。
合计直接成本和间接成本。
合计栏
这就是产品（编号 XXX）的制造成本。

●第3章总结●

（1）成本核算的特点是通过确定“成本核算期”来计算每个产品所包含的“单位成本”。

（2）成本的计算程序分为“按成本项目计算”“按部门计算”和“按产品计算”这三个步骤。

（3）在步骤一“按成本项目计算”的过程中，可以将按成本项目分类汇总的成本分为“直接材料成本”“直接人工成本”“直接制造费用”和“间接生产成本”。

（4）在步骤二“按部门计算”的过程中，要对按部门计算后的成本进行“归集”和“分摊”，并按照制造部门类别来进行分类和统计。

（5）在步骤三“按产品计算”的过程中，首先要征收直接材料成本、直接人工成本和直接制造费用，之后要对间接生产成本进行分摊，最后按产品计算。

（6）分摊标准可以分为可用于直接材料成本法的“金额标准”以及可用于产品数量法的“数量标准”。

（7）在成本核算的最后，要将制造过程中的半成品成本纳入计算范畴，并计算产品的单位成本。

（8）按照产品类别进行成本核算的方式主要分为面向大规模生产的“综合成本核算”和面向订单生产的“个别成本核算”。

第 4 章

高明的成本管理法

我要向副总经理提出建议！

我不是说过成本意识非常重要吗?

要让全体员工都树立成本意识!

我来向您提建议了，副总经理!

什么? 你有什么要提的建议啊?

当然有，是关于咱们企业亏损问题的意见。如果副总经理您都不想办法来解决赤字问题的话，那么我这个助理也感觉到很无望啊!

你说的是消除赤字啊? 要是那么简单就能够做到的话，现在全日本的企业就都可以赢利了。

副总经理，您太没有成本意识了! 但是，成本意识真的很重要啊!

所谓成本意识，就是指人们在工作过程中始终牢记“销售额—成本=利润”这一公式。如此一来，我们在努力提高销售额的同时，也会考虑如何才能降低成本。

不仅是生产部门，营销、行政、人力资源和财务等部门的所有员工都必须具备这种意识。

啊，这就是你经常说的“重视性价比”吗? 那样的话……

不是重视性价比，而是树立成本意识! 说实话，副总经理，您对成本真的很陌生啊!

我分管的是营销部门。此前，我已把成本的事交给财务经理和生产经理了啊！

这是不对的。正因为您不太在意成本，所以您管理的营销部门有时已将产品的售价降低至产品成本之下，甚至有时还大把大把地花掉交际应酬费。

这没什么的，只要能够提高销售额就好了！销售业绩好，部门内的士气才会提升。

● 以低于成本的价格出售产品会造成亏损

如果销售成本、交际应酬费以及管理费用等的合计金额超过产品销售额的话，那么就会出现本书一开始所提到的“销售亏损”。**降价可能会造成销售额的减少，而过度地使用交际应酬费则会使销售成本及管理费用持续增加。**这些都有可能造成亏损。

对了，副总经理，交际应酬也需要人工成本，难道您忘了吗？

据说，一家日本企业的人工成本是员工工资的2倍。因为还存在奖金、社会保险中企业应承担的份额以及各种福利费等支出。

特别是销售人员会以毛利为基准，只有其销售额达到月工资的3倍之时，才会被认为可以独当一面了。但是，这3倍当中的2倍是自己的人工成本，而剩下的1倍则是销售成本及管理费用。

因此，**我们在成本核算的过程中需要认真考虑“成本核算的成本”**。成本核算是对各项费用进行计算。因为成本核算的过程也会涉及人工成本，所以我们要尽可能地减少该成本的产生。

例如，在对直接成本和间接成本进行细致分类的时候，可以将不重要的直接成本列入间接成本之中。因为当该部分金额较小且对成本核算的结果几乎没有影响的时候，那么就无须为计算该部分成本而投

过度降价和滥用经费是造成亏损的原因之一

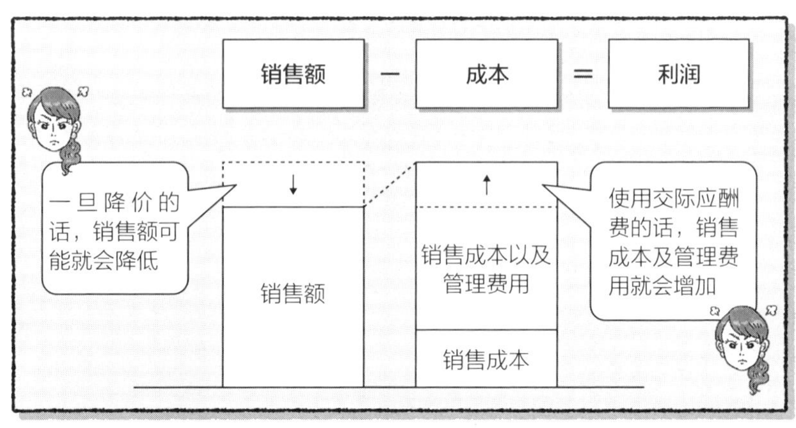

入相应的人工成本了。

追求严密性的成本核算过程尚且遵循这种思维，那么制造部自不必说，就连销售、行政、人力资源和财务部门也要树立“自我劳动成本”的成本意识。

专门为了管理成本而存在的成本核算方式！

以“成本核算”命名的计算方式有三种

只要提高销售额不就可以了吗？

不是提高“销售额”。咱们企业的任务是带着成本意识提高“利润”。因此，成本核算变得越来越重要了。

成本核算？这有关系吗？

副总经理，难道您不认为成本是事后才计算出来的吗？

不是的。在每月的例行会议上，有人会报告说上个月的生产成本是多少。大家都会对此提出疑问。

这并不是唯一的成本。因为……

为了提高利润，我们需要在提高销售额的同时，也要降低成本。但是，这并不意味着只需降低成本就可以了。

● 思考如何降低成本才算得上是成本管理

例如在销售部门，如果取消了必要的拜访客户和接待，那么销售额就会下降，利润也会随之减少。制造部门也一样，如果为了削减材料成本而降低产品质量的话，那么销售额和利润都可能会减少。

如果有人说我们的面包味道变差了并在网上发布差评的话，那么面包销售额可能会立刻下降。

换言之，我们需要做的是消除成本中的浪费并削减可以削减的成本。如果能够做到这一点，并在不改变销售价格的情况下保持相同的产品质量，那么利润必定会提高。再或者，如果能在保持相同质量的情况下降低价格，那么销售额和利润也会提高。

那样的话，人们就会在网上热烈地讨论咱们公司的面包既便宜又好吃。等等，其实我们无须降低成本，只需现在扩大宣传力度不就可以了吗？广泛地宣传咱们公司的面包既便宜又好吃！

不行哦。如果被人们发现这一切都是假的，那我们企业的信誉就毁了！

如果产品的质量不变，那么就无须提高成本，甚至还要尽可能地降低成本；如果产品的成本不变，那么就无须改变产品质量，甚至还要尽可能地提高质量——一言以蔽之，这就是“成本管理”。如果想要提高利润，我们要做的不仅仅是降低成本，还要认真地进行成本管理。

成本管理原本就是成本核算的目的之一。要想发现成本中的浪费环节，就必须进行成本核算的分类和统计。

然而，到目前为止我们所看到的成本核算更侧重于另外一个目的，即提供准确的成本数据以编制财务报表。

《成本核算基准》中有“实际成本”一词，而如果用一句话来概括一般成本核算的最大目的，那就是对成本进行正确的分类和统计并为财务报表提供相关数据。

但是，也存在并非如此的成本核算。

就是没有出现在会议报告中的成本吗？

很厉害哦！这就是能够管理成本的成本核算！

● 为了管理成本而存在的成本核算方式

有一些类型的成本核算，其主要目的并不是为编制财务报表提供数据。其中之一就是“标准成本核算”，它确定了“成本”的范畴，并通过与实际发生的成本进行比较和讨论来达到改善成本的目的。这种方法可以称得上是为实现成本管理而存在的成本核算方式。

标准成本需要事先确定。通常的成本核算是在成本发生之后才进行分类和统计的，而标准成本核算则是完全相反的做法。

另外，标准成本也并不是单纯的成本预算。所谓预算，是依据过去的业绩和接下来要实现的目标期望来确定的。与此相对，**标准成本则是以科学的统计依据为基础，作为现实的目标值而设定的**。通过标准成本核算，也可以为编制财务报表提供相关数据（后文中会作详细说明）。

嗯，这种方法有什么厉害之处呢？

能够管理成本的成本核算难道不是很厉害吗？财务经理还教给了我可以模拟销售额和利润的成本核算方式。您觉得这个怎么样？

正如财务经理所述，根据固定成本和可变成本进行分类的成本核算方法被称为“直接成本核算”。既然这些成本可被分为固定成本或者可变成本，为什么要用“直接”一词来命名呢？大家只要继续读下去就会明白了。

直接成本核算对于分析如何改善公司体制以及设定销售额和利润计划等都有所助益。

直接成本核算方式不能提供编制财务报表所需的数据。

但尽管如此，直接成本核算之所以至今仍在被广泛使用，是因为只有在对固定成本和可变成本进行分类的情况下才可以实现对销售额

以“成本核算”命名的三大计算方式

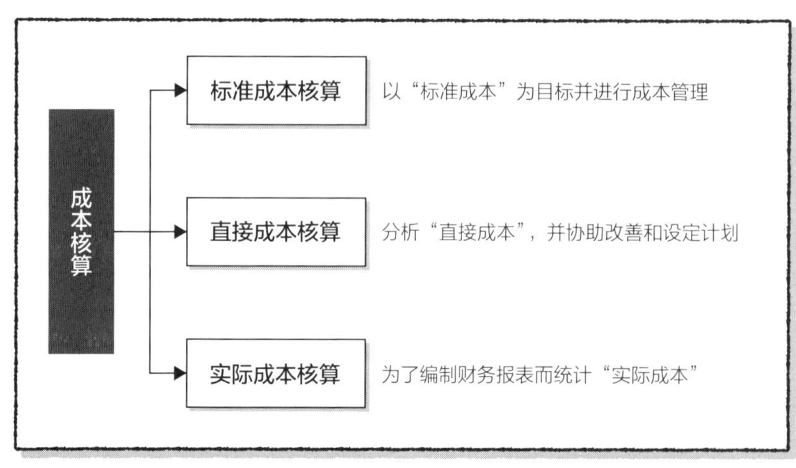

的模拟。

相对于以上两种成本核算，前面所介绍的普通成本核算方式被称为“实际成本核算”。

虽说是为了给我提出建议，但看得出你还是查阅了许多资料。这些都是你在网上检索的吗?

不，这些都是我看书（向生产经理借的书）之后学习到的。要想掌握完整的知识，书本要比网络好得多。

你这是在向我推荐这本书吧（笑)?

关于“成本”的三种思考方式

为了成本管理、计划、分析而存在的成本

成本核算的方式有三种，这就说明关于“成本”的思考方式不止一种。

那都无所谓啊！咱们还是快点儿直接讨论成本核算的问题吧！

好的，别着急。掌握了成本的三种思考方式，对于直接成本核算的理解也是有所帮助的。

关于成本的思考方式大致可以分为三种。

● 对实际成本和标准成本进行比较的方法

第一种思考方式是将实际成本核算中的“实际成本”与标准成本核算中的“标准成本”进行对比。

在实际成本核算中，成本是指实际发生的成本实际值，即实际成本。

但是，**标准成本核算认为，实际成本未必一定是正确的，而原本作为计算目标的标准成本才是正确的成本**。因此，在标准成本核算中，会将标准成本视为“真实成本”，将实际成本与标准成本的差异视为“偏差”。

按照这样的思路，最终以实际成本和标准成本一致为目标进行成本管理的行为就是标准成本核算。

这种想法好奇怪啊！这不是等于在说如果没能达成目标就是大错特错的吗？虽然我的确没有达成目标。接下来是直接成本吗？

好的，别着急。接下来是与您关系密切的销售成本及管理费用。

成本的第二个思考方法是销售成本及管理费用，即“期间费用”，与之形成对比的是被归类为生产成本的成本。与期间费用相对，它被称为“产品成本”。

● 销售成本及管理费用是一回事吗？

第三种思考方式是计算全部还是计算部分的区别。

我还以为该讲直接成本核算了，为什么还不就直接成本进行讨论呢？

为了在实际成本核算中计算出“真实成本”，我们有必要对成本进行无遗漏地统计。这被称为“全部成本”。

然而，如果不是为了编制财务报表，而是为了制订计划和分析现状的话，那么也可以不进行全部统计。像这种只需统计一部分内容便可达到目的的成本被称为“部分成本”。根据不同的目的，部分成本可以采用各种各样的方式计算，但“直接成本”才是最重要的。

在直接成本核算中，将包括生产成本和销售成本及管理费用在内的所有成本分为直接成本及其他成本。

具体来说，首先要将所有成本分类为可变成本和固定成本。其中，可变成本是直接成本。但是，可变成本中的生产成本属于直接成本（可变直接成本），而销售成本及管理费用则属于期间费用，所以也就被纳入间接成本（可变间接成本）的范畴。

换言之，直接成本只统计可变直接成本和可变间接成本的部分成本。因此，直接成本也被称为“可变成本”。

关于“成本”的思考方式有三种

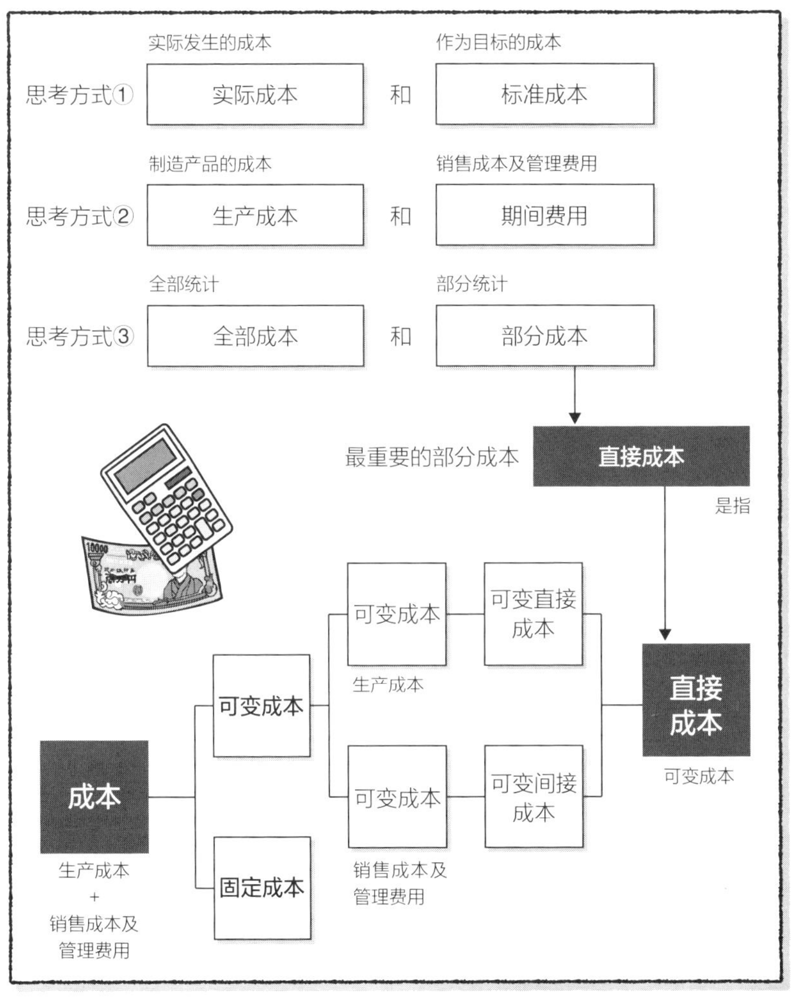

“标准成本核算”可用于成本管理

分析原因，采取对策

那么，接下来终于要讲标准成本核算了！这种方式可以用于成本管理。

咦，怎么还没进入直接成本核算的话题呢？

● 成本管理到底是什么？

《成本核算基准》中对成本管理的概念作了如下定义：先制定成本标准，之后记录并计算成本的实际发生金额，然后将其与制定的成本标准进行比较并分析出现差异的原因，最后将相关资料报告给经营管理人员，以促使其采取增进成本效率的措施。

简而言之，标准成本核算就是确定成本标准、计算实际成本、比较标准成本和实际成本、找出二者存在差距的原因并进行报告，最终寻求改善对策。

好的，我知道了。那么，我们开始下一个话题。

您真的明白了吗？例如，定义中出现的“成本标准”指的是什么呢？

“成本标准”在标准成本核算中被称为“标准成本”。标准成本是制造一线的工作目标。在实际成本发生之前就设定好标准成本，并无遗漏地告知所有制造管理者和现场作业人员。

实际成本发生并完成统计工作后，要将实际成本与事先确定的标准成本进行比较。如果两者一致，那么就直接进行汇报，之后便一劳永逸了。但是，这种情况出现的可能性极低。在大多数情况下，实际成本和标准成本之间会出现一定的差异。

这种差异被称为“成本偏差”。对该差异进行分析之后，许多问题就会浮出水面。例如，材料使用过多、工作时间过长或用电量过大等。

这才是关键所在。因为事先确定了标准成本，因此可以很快地把握其与实际成本之间的差距。分析两者之间的差距，就能够发现问题所在。

● 进一步细致地分析成本差异

我们需要对成本偏差进行更为深入仔细地分析，并将分析结果报告给拥有管理权限的管理者。之后要采取相应对策来缩小差异，尽可能使标准成本和实际成本保持一致。

实行这种标准成本核算的好处在于，其可以使得成本管理变得更为容易。在实际成本核算中，如果只是呆板地盯着实际成本核算表格的话，是无法了解问题所在的。但是在标准成本核算中，标准成本和实际成本之间的差异会以成本偏差的形式显现出来。成本偏差出现的地方就是问题所在，这样我们就可以迅速把握问题了。

另外，即使同时出现了许多成本偏差，但是由于其是可以计算出数值的，因此我们就可以很快地了解到哪个成本偏差较大，那就意味着哪个成本所存在的问题更大。如此，制定对策的管理者也就可以很容易地知道应该从哪些成本偏差开始着手改善。

除此之外，由于从一开始就已经将标准成本告知现场的所有员工，所以现场员工的成本管理积极性也会提高。

标准成本核算和直接成本核算不同，且有利于财务报表的编制工作。

"标准成本核算"可用于分析成本偏差

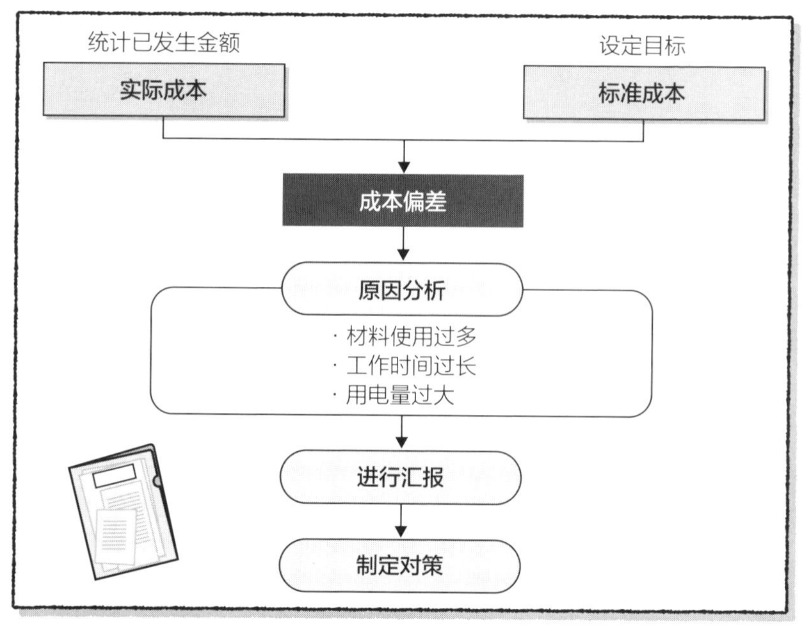

你的铺垫太长了……

在标准成本核算中，标准成本才是"实际成本"。因此，会计核算也要以标准成本为基础，并将其与实际成本的差额作为"偏差"记录下来。在财务报表中，要将成本偏差划分为销售成本和期末库存两类，并将其汇总到销售总利润中。

不可胡乱随便地制定标准成本

标准成本是以成本标准为基础制定的

快点儿直接讨论成本核算的问题吧！

好的，别着急。标准成本核算的思考方式也可以应用到您的工作之中吧？比如确定降价范围和交际应酬费的目标值。

啊，这个想法还是不错的。是要控制降价和交际应酬费吧？

但是，您在没有科学统计依据的情况下，不能草率地制定目标。

目标？标准成本到底是如何确定的呢？

标准成本核算的第一步是要确定该产品一定单位的成本标准。

为此，我们需要制定“标准直接材料成本”“标准直接人工成本”“间接生产成本标准”（通常情况下，直接制造费用不制定标准）。

这是通过使用“数量标准”和“价格标准”来实现的。例如，对于标准直接材料成本而言，其数量标准就是“标准消耗量”，而价格标准则表现为“标准价格”。标准消费量与标准价格的乘积就是标准直接材料成本。

上述各类成本标准统称为“成本标准”。

以这些成本标准为基础，我们可以在统计标准直接材料成本和标准直接人工成本之余，再加上按照一定基准计算出来的间接生产成本基准，就可以计算出该产品一定单位的成本。

这被称为“标准产品成本”，简而言之就是标准成本。

标准成本的决策方法及成本偏差的计算方法

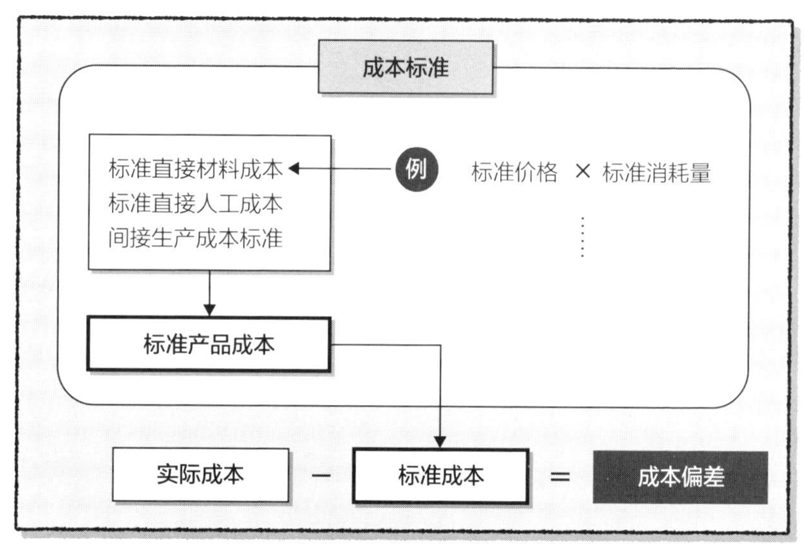

确定标准成本的过程可真细致啊！看来我不能胡乱确定！

在分析成本差异的时候，您就会知道制定过程如此细致的原因了。只要您下决心要确定标准成本，那么就必须设定一个对自己有利的目标。

如果过分地追求理想，那么就永远无法在现实中达成标准成本目标。

因此，**作为一项制度，我们不是使用“理想的标准成本”，而应该使用“实际的标准成本”或“正常成本”来作为标准成本**。

所谓“实际的标准成本”，是指在根据成本标准计算出的标准成本的基础上，留有一定程度的余地。正常成本则是在统计平均数值的基础上，加上对未来的预测而计算出来的。

通过“成本偏差”找出问题存在的原因

对成本偏差进行详细的分类和分析

只要对成本偏差进行分析，问题就会浮现出来。

并不一定都是问题。因为……

在成本偏差中也存在一些有价值的差异。

● 也有受欢迎的“成本偏差”

例如，经过采购负责人的努力，企业以比平时便宜许多的价格采购了同样的材料，这就是受欢迎的偏差。另外，工作人员熟练化程度的不断提升缩短了工作时间或者天然气的进口价格下降导致了燃气费的降低等，这些情况都是受欢迎的偏差。

这种受欢迎的偏差被称为**“有利偏差”**。对于有利偏差，我们必须要分析其原因，却不需要采取任何对策。

与此相对，不受欢迎的差异被称为**“不利偏差”**。对于不利偏差，我们就需要分析原因并采取对策了。

要分析原因也并非易事啊！

别担心，此时进行详细的成本标准划分是非常有用的。因为……

即使实际成本和标准成本之间存在不利偏差，仅凭观察也是无法找出原因的。因此，我们需要进行更为深入细致的分析。

标准成本是通过将标准直接材料成本、标准直接人工成本和标准间接生产成本相加后确定的。

因此，如果将实际成本同样分为直接材料成本、直接人工成本和间接生产成本的话，那么成本偏差也可以分为“直接材料成本偏差”“直接人工成本偏差”和“间接生产成本偏差”。

但是，材料的采购价格（接收价格）可能也会发生变化，因此需要在一开始就将“材料采购价格偏差”纳入计算范围。如此，便可对成本偏差进行追溯分析。

例如，如果实际采购的材料价格高于成本标准所规定的材料价格，那么你立刻就会明白原因之所在。

另外，由于直接材料成本的计算公式为“消费价格 × 消耗数量”，所以一旦实际使用的材料多于“标准消耗数量”，那么必定会造成“数量偏差”。此时，必须对使用了多于标准材料的原因进行调查。

另一方面，如果实际采购的材料价格高于“标准价格”，那么就会出现“价格偏差”。此时，必须追究以高于标准的价格采购和使用该材料的原因了。

● 认真地追究偏差原因

仅凭大致的直接材料成本偏差，或许无法轻松找出真正的原因。但是，如果能够细致地找出数量偏差和价格偏差的话，就能很容易找出偏差的原因。

原来如此。只要把握了实际材料和标准材料在数量和价格上的偏差，便能够很快地找到偏差的原因了。虽然这很麻烦，但我感觉自己大体上已经理解了。

是的。直接人工成本也可以通过同样的方法来确定。

直接人工成本的计算公式为“直接作业时间 × 工资率”。如果实际作业时间多于“标准作业时间”的话，那么就会出现“作业时间偏差”。一旦出现这种情况，就需要检查员工是否浪费了时间。

另外，如果实际工作时间和标准时间不存在偏差，但工资率却出现了偏差，那么这种情况就会被称为“工资率偏差”。之后，我们就需要对工资率高于标准的原因进行探究。

分析成本偏差的方法

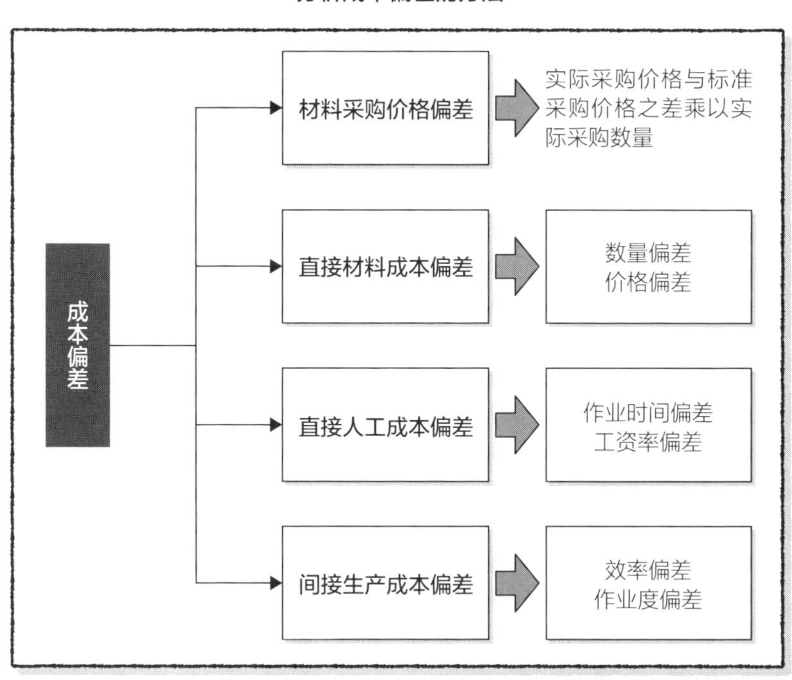

间接生产成本偏差包括“效率偏差”和“作业度偏差”等。此时，必须要检查员工的工作效率是否降低、工厂的作业度是否低于标准作业时间以及间接生产成本负担是否加重等。

为什么"直接成本核算"必不可少呢?

普通的成本核算不能正确地计算利润

那么，接下来终于要讲直接成本核算了。

终于到这一步了，我一直在等着呢!

如前所述，直接成本核算首先要将成本分为"固定成本"和"可变成本"，然后从中只提取可变成本后再进行成本核算。

如果只从成本中提取出可变成本的话，我们能够了解到什么呢? 为了弄清楚这一点，我们来比较一下普通的实际成本核算和标准成本核算。

在实际成本核算和标准成本核算中，并不会将固定成本和可变成本分开进行计算。因此，大规模生产模式会在不知不觉中减少每个产品的固定成本，进而降低了计算成本。这就是"大规模生产的优势"。

然而，大规模生产的优势实际上伴随着某些劣势。那就是只有通过"大规模生产"才能够降低计算上的成本。换言之，即便生产出来的产品卖不出去也是没有关系的。

当然，如果大规模生产的产品都能够销售出去自然是好事，但即使无法顺利出售，其计算出来的成本仍然也会下降。

即使成本降低，但如果大量产品囤积的话，那也是个大麻烦啊!

这样一来就会忽略真正的利益。

普通的成本核算和“直接成本核算”的区别

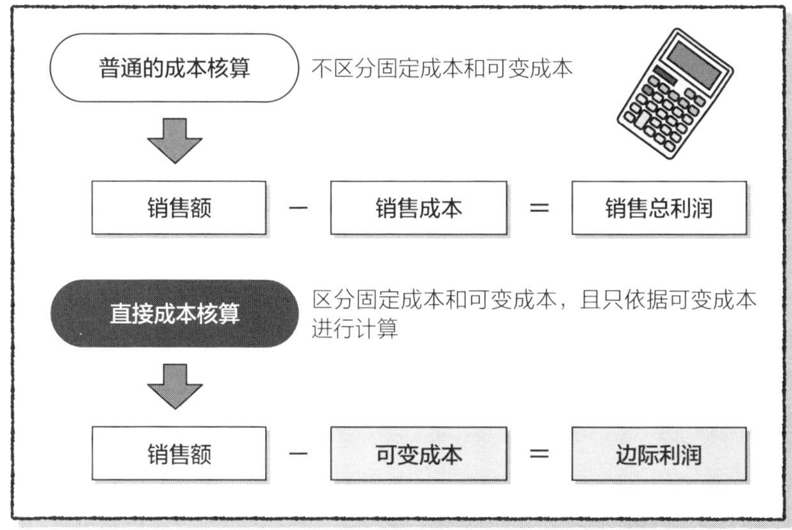

当计算层面的成本下降之时，那么相应的利润就会增加。

普通的成本核算是按照图中的公式来计算销售总利润的。如果采用大规模生产模式的话，该公式中的销售成本就会减少，因此只要保持销售额不变，那么销售总利润必定会增加。

在这种情况下，成本与大规模生产的产品销量无关。只要采用大规模生产模式，销售成本就会下降，而销售总利润则会增加。

大规模生产的部分也要分摊固定成本吧？那么，这部分的固定成本都去哪儿了呢？

藏在大量滞销的库存之中，是看不见的部分。因此，我们必须要进行直接成本核算。因为……

"直接成本核算"到底是什么？

对利润和固定成本进行模拟

固定成本隐藏于库存之中，而计算层面的利润却增加了，这就麻烦了。

的确如此。原本销售总利润是……

普通的成本核算中所计算的销售总利润，是一种能够伴随生产量上下波动而不断增加或减少的利润。仅仅依靠这一点来经营公司的话，是非常危险的。

● 什么是"边际利润"？

如果采用直接成本核算方式的话，能够发现怎样的利润呢？

在直接成本核算中，会将固定成本和可变成本分开，并只通过可变成本来计算利润。如上文所示，可以通过销售额减去可变成本的方式来计算"边际利润"。

为什么使用"边际"这个词呢？是不是意味着再继续下去就没有利润可言了？

在经济学中，当某要素增加或减少时，其他要素也随之增加或减少，这种情况被称为"边际 × ×"。例如，边际利润增加意味着厂商每增加一单位产品的销售，利润额也会随之增加一定幅度。

这个边际利润与生产量无关。无论大规模生产多少数量的产品，每个产品所包含的边际利润都是一样的。

因此，利润只能随着销售量（销售额）的增减而相应地增减。如果销售额增加，那么边际利润也会增加；如果销售额减少，那么边际利润也相应地会减少。

虽然我知道边际利润随着销售额的增减而增减，但它是如何运作的呢？难道是仅仅因为销售额增加了，所以边际利润也增加了吗？

很厉害哦！其实利润模拟之类的工作是很容易就能够完成的。

在直接成本核算中，当销售额增加到 ×× 亿日元之时，我们可以用其减去随着销售额变化而不断变化的可变成本以及和不会随着销售额变化而变化的固定成本，这样就可以计算出销售额达到 ×× 亿日元时的利润。

另外，这个公式还可以用于模拟利润。该公式是直接成本核算的基础。

哦，这个太棒了！这样一来，我们就可以很快地计算出销售额 ×× 亿日元时的利润是多少。

不止这些呢！反过来想，我们还能够计算出需要赚取多少边际利润才能达到设定的利润目标！

换言之，如果我们将利润置换为“目标利润”，那么就可以知道在固定成本不变的情况下，需要赚取多少边际利润才能达到设定的目标利润。

边际利润是可以通过销售额和相应的可变成本核算出来的。在普通的成本核算中，利润并不会随着销售额的增加而增加，但只要边际利润增加的话，利润就一定会增加。

你说的是利润计划吗？每年都是由财务经理和总经理按照上述方法商量并计算制作的吧？

接下来，让我们看看边际利润吧！您很快就会知道边际利润有多重要了。

固定成本和利润的总和就是边际利润

从下图公式③中可以看出，边际利润是固定成本和利润的总和。边际利润是支付公司固定成本的原始资金。

通过直接成本核算可以明白的事情

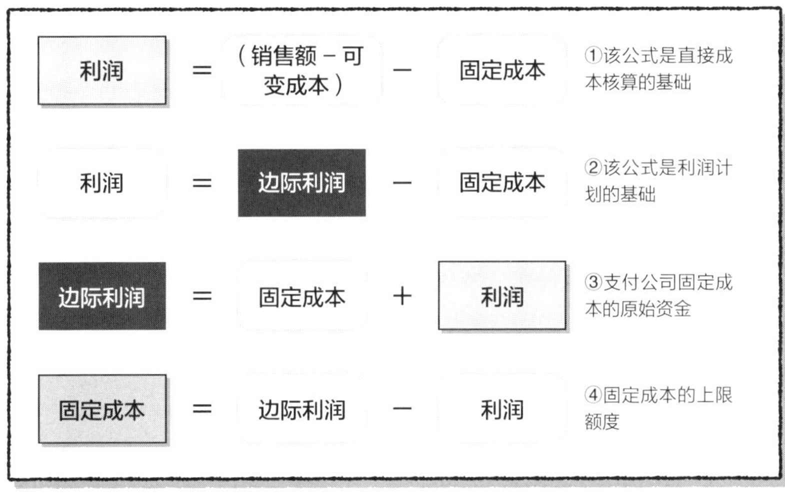

如果边际利润低于固定成本的话，那么将无法产生利润，进而会出现赤字。而如果边际利润超过固定成本的话，那么在支付固定成本之后剩下的便是利润。换言之，我们实现了扭亏为盈。

这看起来的确很重要啊！看来我要做的不单是提高销售额，而是要让边际利润超过固定成本。我要将其设定为奋斗目标，并朝着它不断前进！

接下来，让我们来谈论一下固定成本。

公式④是公式③的进一步变形。这个公式可以促使我们关注固定成本。

如果我们将公式④的左侧替换为“目标固定成本”，将右侧的利润替换为“目标利润”的话，就可以知道为了提高目标利润而需要控制多少固定成本。

虽然也可以通过增加销售额或减少可变成本的方式来增加边际利润，但这两种方法对企业来而言都不是简单的事情。

在边际利润和目标利润都不可变动的情况下，剩下的唯一途径就只有控制固定成本。因此，控制固定成本也是经营计划的重要内容之一。

说到固定成本的控制，一般就是通过裁员的方式来减少人工成本，或者把正式员工变成非正式员工……哎呀，这种想法很不好，不能再继续想下去了。

副总经理，您真是个好人！虽然您作为一名经营者并不是很精通……

你这是在夸我还是在贬我呢?

运用“直接成本核算”的方式

帮助我们思考产品的收益性和销售结构

提起直接成本核算，都是利润计划和经营计划之类的大项目。这样的话，一年也用不了几次……

没关系，您在日常工作中也可以使用直接成本核算。例如，通过比较产品的营利性来判断其优势和劣势等。

产品的收益性？一般都是通过毛利，即所谓的销售总利润率来进行衡量的。

那么，接下来就以我们企业的人气商品——甜味咖喱面包和辣味咖喱面包为例，进行讲解吧！两种商品的价格、销量和成本如下图所示。当然，这些只是假设的数字而已。

这是当然的啦！我们公司的销售额、成本这么重要的数据，怎么能够这么轻易地被泄露呢？

那就按照您所说的那样，先从销售利润率来进行讨论。这个计算过程也可以通过普通的成本核算方式来完成。

甜味咖喱面包的利润率比辣味咖喱面包的利润率要高出 5% 左右。不管怎么说，数字在那儿摆着呢！

没错！销售总利润是一种会随着生产量变化而变化的利润。接下来，让我们来看一下边际利润和边际利润率。所谓“边际利润”就是从销售额中减去可变成本（直接成本）……

咦？还真的是香辣咖喱面包的利润稍微高一点呢！

通过直接成本核算来观察产品的营利性

	甜味咖喱面包	辣味咖喱面包
每个产品的价格	100 日元	200 日元
销售数量	2000 个	1000 个
每个产品的销售成本	85 日元	180 日元
（其中包含的可变成本）	75 日元	145 日元
（固定成本合计）	2 万日元	3.5 万日元

普通的成本核算

	甜味咖喱面包	辣味咖喱面包
销售额	20 万日元	20 万日元
销售成本	-17 万日元	-18 万日元
销售总利润	3 万日元	2 万日元
销售总利润率	15%	10%

看起来似乎甜味咖喱面包的利润更高

直接成本核算

	甜味咖喱面包	辣味咖喱面包
销售额	20 万日元	20 万日元
直接成本	-15 万日元	-14.5 万日元
边际利润	5 万日元	5.5 万日元
边际利润率	25%	27.5%

其实，辣味咖喱面包的利润更好一些

甜味咖喱面包的产量是辣味咖喱面包的 2 倍。因此，在计算的过程中，每个甜味咖喱面包的固定成本显得很低，而利润率看起来也较好。但如果从边际利润率角度来观察的话，固定成本的影响就会消失，进而可以看到产品真正的营利性。

但是，工厂生产的甜味咖喱面包不也是全部售出了吗？可见这也不是一个大问题啊！

话虽如此，但也不算完全正确。那么接下来，让我们来考虑如何销售包含更高利润的辣味咖喱面包吧！副总经理，您能做到吧？

可以制作宣传告示牌并将其摆放至显眼位置或者依靠售货员推荐等方式就可以做到了吧？

如果对销售结构进行调整，将辣味咖喱面包的销售数量增加至 1500 个。那么，甜味咖喱面包的销量就会下降，所以我想将其销售数量下调 500 个……

这太厉害了！这样做销售额必然要提升，同时销售利润的增幅也超过销售额的增幅！

另外，销售数量依然是 3000 个。因此，只要调整销售结构，就能够促使销售利润提升！

这种策略的精髓就在于，通过更多地销售营利性较好、可变成本比例较小的辣味咖喱面包，来降低可变成本的整体比例。**可变成本减少，边际利润增加，固定成本金额没有发生变化，所以营业利润会增加。**

虽然我们很难降低每个产品的可变成本，但如果能够提升可变成本较小产品的销量，那么就会产生同样的效果。

副总经理，请您按照上述方式灵活地运用“直接成本核算”吧！

这可真是我听到的最开心的事情了。太感动了！

通过直接成本核算来重新评估销售结构

评估前

	甜味咖喱面包	辣味咖喱面包	合计
每个产品的销售价格	100 日元	200 日元	
销售数量	2000 个	1000 个	
销售额	20 万日元	20 万日元	40 万日元
直接成本	15 万日元	14.5 万日元	29.5 万日元
边际利润	5 万日元	5.5 万日元	10.5 万日元
固定成本	2 万日元	3.5 万日元	5.5 万日元
销售利润	3 万日元	2 万日元	5 万日元

重新评估该部分

评估后

	甜味咖喱面包	辣味咖喱面包	合计
每个产品的销售价格	100 日元	200 日元	
销售数量	1500 个	1500 个	
销售额	15 万日元	30 万日元	45 万日元
直接成本	11.25 万日元	21.75 万日元	33 万日元
边际利润	3.75 万日元	8.25 万日元	12 万日元
固定成本	2 万日元	3.5 万日元	5.5 万日元
销售利润	1.75 万日元	4.75 万日元	6.5 万日元

销售额为 4 万日元（增加了 12.5%）

销售利润为 6.5 万日元（增加了 30%）

盈亏
平衡点分析

构建不易亏损的企业体制

还有一种可用来分析企业成本和利润的方法，其思路与直接成本核算是相同的。它叫作“盈亏平衡点”，副总经理，您知道吗？

嗯，我听说过这个名字。财务经理曾经在会议上提到过。

真拿您没办法啊！成本和成本核算暂且不论，但作为管理者，至少要知道盈亏平衡点吧！

对不起，是我的错。那接下来如何呢？

盈亏平衡点——准确地说，“盈亏平衡点分析”是一种可用于判断及改善企业经营体制的经营分析法。

● 关键在于企业是否能够赢利

简言之，**就是企业整体的固定成本较多抑或可变成本比例较高，而营业额在盈余和赤字之间徘徊。**

可用于分析公司体制的盈亏平衡点是指亏损和赢利的分割点，也就是既无亏损也无赢利的销售状态。如果销售额超过了盈亏平衡点则为赢利，如果低于盈亏平衡点则为亏损，即所谓的“赤字”。

换言之，它是亏损和盈余的分界线。现在咱们公司处于亏损状态，这些都是您必须要了解的知识。

对不起，都是我的错。（她难道是在表达不满吗？）

盈亏平衡点可以通过“盈亏平衡点图”中的公式计算得出。通过观察该图能够更加容易理解该思考方式。图中，横轴表示销售额，纵轴表示成本。向右上方延伸的对角线被称为“销售额线”。

寻求“盈亏平衡点”

用图形来表示

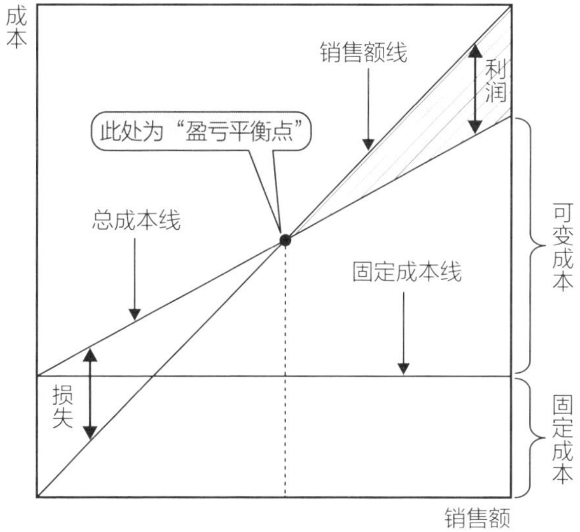

用公式来表示

$$\text{盈亏平衡点} = \frac{\text{固定成本}}{1 - \dfrac{\text{可变成本}}{\text{销售额}}}$$

固定成本不会随着销售额的变化而变化，因此它用水平线表示。

可变成本是与销售额成比例增减的，因此可变成本线是一条向右上方延伸的线，且其角度是与可变成本成比例变化的。但是，由于可变成本被纳入固定成本中，所以其位置在固定成本线之上。而能够表示固定成本和可变成本之和的线便是“总成本线”。

总成本线和销售额线的交叉点就是“盈亏平衡点”。在盈亏平衡点上，总成本和销售额相同，因此既无损失也无收益。如果销售额位于盈亏平衡点之上，那么销售额线和总成本线之间的间隔就代表所产生的利润。相反如果销售额位于盈亏平衡点之上，那么销售额线和总成本线之间的间隔部分就代表所产生的损失。

销售额越大，赢利的增幅就越大；销售额越小，亏损的幅度越大。

这不是理所当然的吗？

如果您觉得这是理所当然的话，那么就请您想办法解决亏损问题吧！

那么，该如何才能够解决企业的亏损问题呢？

● 如何从亏损机制转变为赢利机制？

如果对盈亏平衡点图与不易亏损的企业体制图进行比较的话，就可以发现在不易亏损的企业体制中，企业以较小的销售额产生了利润。盈亏平衡点越低，企业越容易赢利，且越不容易出现亏损。相反，盈亏平衡点越高，企业要想赢利就需要创造更大的销售额。换言之，这是一种很难赢利的企业体制。

盈亏平衡点较低的企业即使通过较小的销售额也能够赢利。但是您却一心只想着提高销售额。

真的很抱歉。（这难道真的全是我的错吗？）

不易亏损的企业体制

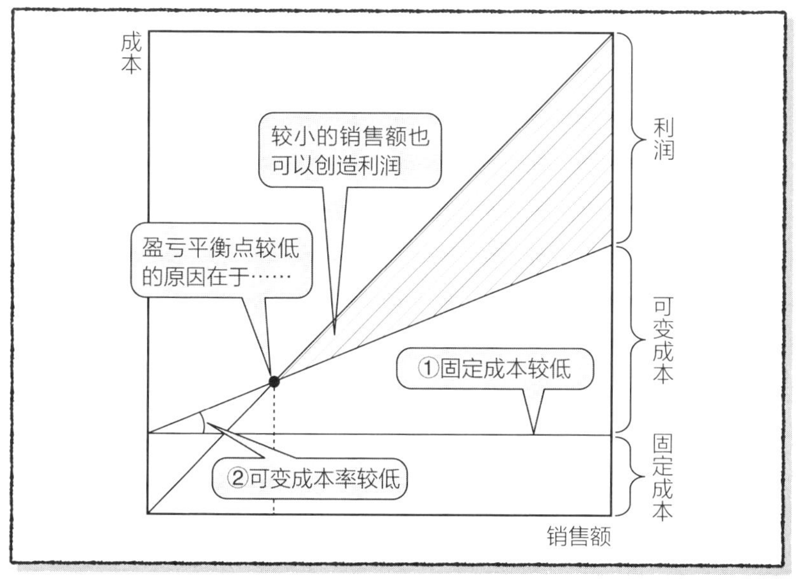

那么，如何做才能使得企业的盈亏平衡点处于较低水平呢？答案可以从盈亏平衡点图中发现。

如果能够降低固定成本线，那么盈亏平衡点必定会随之降低。另外，也可以从减少可变成本线的角度来降低盈亏平衡点。

换言之，**通过减少固定成本的总额或者可变成本在成本中所占的比例，都可以降低盈亏平衡点**。为此，企业需要停止无谓的设备投资以减少固定成本，并通过重新评估生产成本来降低可变成本的比例。

“盈亏平衡点分析”的方法

边际收益率的计算相对简单

下面我来说明一下盈亏平衡点的分析方法，希望您能够学习并掌握。

对不起……对了，你都讲完直接成本核算了，难道还要保持这副姿态吗？

因为讲解直接成本核算的过程让副总经理您大为触动，所以我觉得需要继续装出一副很了不起的样子。另外，您道歉的样子也非常好笑，哈哈……

让我们对销售额盈亏平衡点计算公式进行一下整理吧！分母较为复杂的公式是“边际利润率”，即边际利润与销售额的比率（边际利润 ÷ 销售额）。

● 可以通过边际利润率来计算“损益”吗？

如果对盈亏平衡点计算公式进行处理的话，就会得到简单公式，即“固定成本 ÷ 边际利润率”。

利用盈亏平衡点和边际利润率，就可以对通过直接成本核算得出的销售额和利润进行更为简单的模拟。

您是副总经理，这些都是您必须要把握的知识，哈哈……

不要笑得这么大声啊！你还是一副看起来很了不起的样子，感觉像是在嘲笑我呢！

用“边际利润率”可以计算出盈亏平衡点的销售额

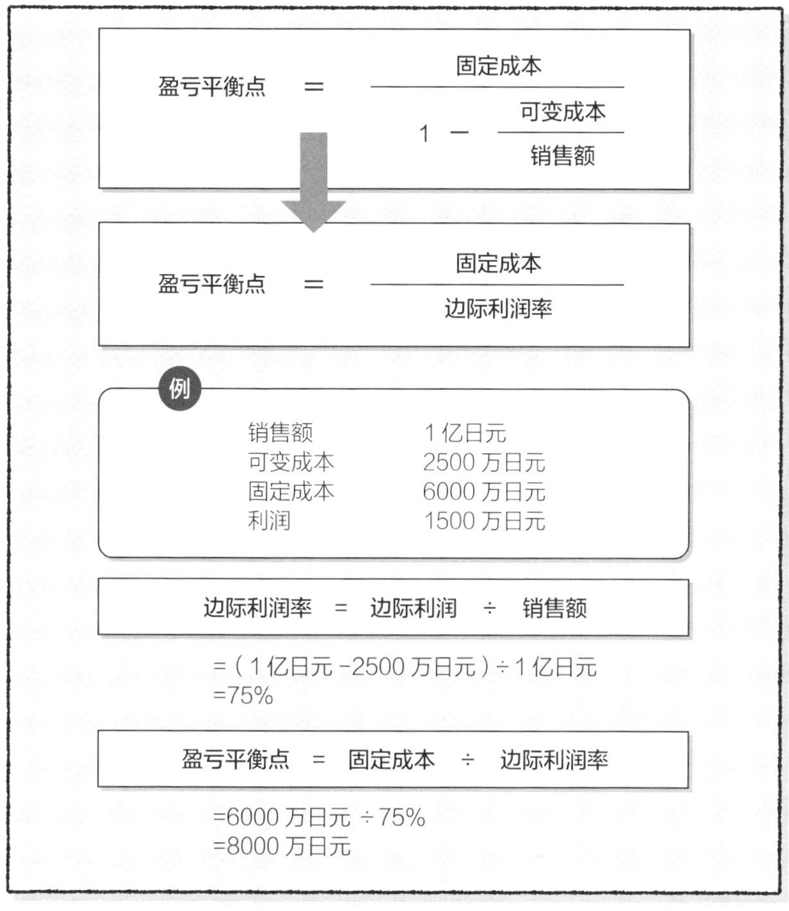

下面，我们要尝试确定边际利润率和盈亏平衡点。以图中的企业为例，我们可以通过公式计算出其边际利润率为75%，而盈亏平衡点销售额为8000万日元。

那么，假设这家企业将下一期目标设定为利润增加20%，即要达到1800万日元的话，那么要提高多少销售额才能够达成该目标呢？

其实，这样的目标利润销售额只需要稍微修改一下盈亏平衡点计算公式就可以实现。如果我们在固定成本之中加上目标利润的话，就可以计算出能够实现该目标利润的销售额。如下图所示，如果想要实现 1800 万日元的利润，那么销售额应该定为 1.04 亿日元。

这个很简单啊！

反之，我们还可以尝试计算销售额增减时的利润变化。

通过盈亏平衡点来模拟销售额和利润

达到目标利润的销售额

目标利润 1800 万日元

盈亏平衡点 ＝ 固定成本 ÷ 边际利润率

目标利润销售额 =（固定成本 + 目标利润）÷ 边际利润率
=（6000 万日元 +1800 万日元）÷ 75%
=1.04 亿日元

销售额增减时的利润额

销售额减少 10%　　9000 万日元

边际利润 ＝ 销售额 × 边际利润率

边际利润 =9000 万日元 x75%
=6750 万日元

利润 ＝ 边际利润 － 固定成本

利润 =6750 万日元 -6000 万日元
=750 万日元

● 通过盈亏平衡点来模拟销售额和利润

例如，当某些社会问题的出现导致企业的销售额下降时，我们就需要计算销售额下降时的利润。

那么，假设上文中所提到的企业将下一期的销售额目标定为减少10%，即要达到9000万日元的话，那么利润会是多少呢？

虽然盈亏平衡点的公式没有直接计算出利润，但通过直接成本核算可以得出“利润 = 边际利润 - 固定成本”这一公式。

因此，利用边际利润的公式，假设“边际利润 = 销售额 × 边际利润率”的话，那么就可以计算出销售额减少到9000万日元时所产生的利润。最终结果如上图所示，此时的利润为750万日元。

当然，这个计算方法也适用于销售额上升的情况。

如此，我们可以通过盈亏平衡点分析的方法来轻松地对销售额和利润进行模拟。

我的建议到此结束，感谢您花费这么长的时间来倾听……不过，其实我想要提出的建议还有很多。

我觉得你应该和税务顾问交谈一下！我会联系他并提出这个请求，这样在他下次来公司的时候，你就可以向他请教问题啦！

谢谢您！我会按照您的吩咐去做的。

●第4章总结●

（1）为了管理成本，除了生产部门以外的销售部门、行政部门、人力资源部门和财务部门的所有员工也都必须具备“成本意识”。

（2）以成本核算命名的计算方式有三种：标准成本核算、直接成本核算和实际成本核算。

（3）成本的思考方式也可分为“标准成本”与“实际成本”、“产品成本”与“期间费用”、“全部成本”与“部分成本”三种。

（4）“标准成本核算”是通过分析“成本偏差”来追究原因，以达到成本管理的计算方式。

（5）“标准成本”是以各种“成本标准”为基础来详细制定的。

（6）“直接成本核算”是将成本分为“固定成本”和“可变成本”之后，并只提取可变成本进行的成本核算。

（7）直接成本核算不但可以比较产品的营利性，而且还可以对销售额和利润等进行模拟。

（8）“盈亏平衡点分析”是通过“边际利润”的思维方式来改善企业经营体制，并计算出目标销售额和目标利润的分析方法。

第 5 章

赢利法则的运用

我要向税务顾问请教！

计算
服务的成本

“作业成本分析法”指的是什么呢?

惠子小姐，我来找您讨论问题了!

啊，您是税务顾问梅田老师吧?感谢您在百忙之中抽出时间!

给员工提供经营和会计方面的咨询也是税务师的工作。那么到目前为止，关于成本这一课题，你都做了哪些调查呢?

我阅读了这本书，然后向副总经理提出了建议……

啊，这本书有点儿陈旧。现在，我们……

在前文介绍的成本核算的基础上，新的成本核算方法已经被开发出来并得到了广泛采用。这种计算方法被称为“作业成本分析法”，又称“ABC 成本法”。

● 间接成本的合理分摊

作业成本法的最大特点就是对间接成本以更恰当的方式进行分摊。

因此，日本的销售业和服务业企业，甚至政府机关和地方公共团体也开始采用作业成本法。

在作业成本法中，用“作业”和“成本驱动”代替了原来的间接成本分摊，并在这种思路的指导下对产品或服务的成本进行了分配。

传统成本核算法和作业成本法中的分摊方式有何不同

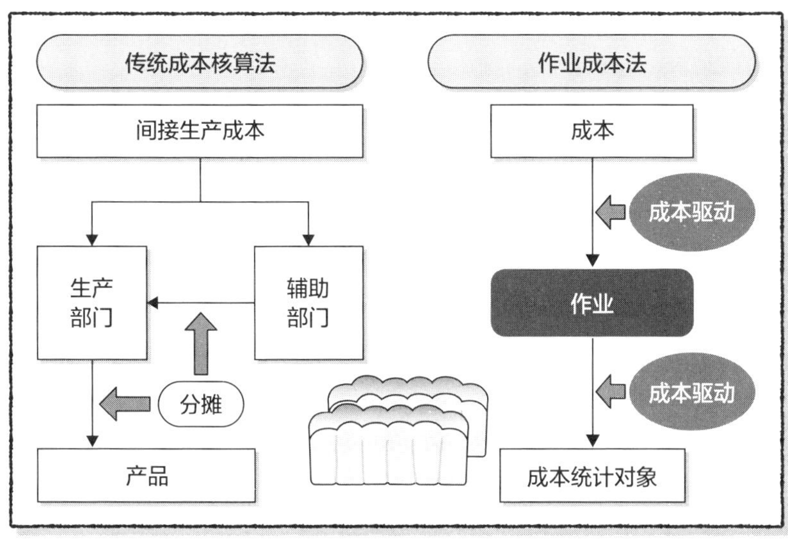

的确，直接成本会一直分配到最终产品，而间接成本则是一次性分摊。

按照传统的成本核算法，间接成本被集中分摊也是不得已的。在传统成本核算法被开发之初，这还算不得是一个问题。

因为当时的制造业以大规模生产模式为主流，而直接成本在这种生产模式中所占比例较高，因此少量的间接成本对整体成本的影响较小。

此外，非制造业企业中的直接成本占比较低，所以尽管间接成本的管理也非常重要，但没有引起足够的重视。因为当时经济发展的核心动力在于制造业企业，而制造业以外的企业所占比例很低。

然而，在进入现代社会之后，情况发生了巨大变化。销售业和服务业在经济中所占比重越来越大，这些行业的成本核算也变得越来越重要。

另外，制造业本身也发生了巨大的变化。贵公司不是也设置了负责生产管理和质量管理方面的岗位吗？

现代制造业也发生了巨大的变化，从大规模生产转向了多品种少量生产。另外，随着制造工序的机械化和系统化的发展，机械维护管理、生产管理、质量管理和库存管理等产品制造间接支持业务及管理业务的间接成本也大幅增加。

因此，在制造业中也需要能够适当把握间接成本的计算规则。

于是，在 20 世纪 80 年代的美国就诞生了作业成本法。

20 世纪 80 年代？那是在我出生之前呀，看来这个方法一点也不新鲜啊！

据说标准成本核算是在 1870 年左右被开发出来的。

这也太陈旧了！和这个相比，作业成本法果然是新方法。不过，它到底是什么意思呢？

作业成本法是以作业为基础的成本核算。

● 什么是“以作业为基础的成本核算”？

通过作业成本法，我们不仅可以计算出制造业中所包括的间接生产成本，而且还可以计算出被归类于销售成本及管理费用中的**销售成本、行政成本、人工成本和财务成本等成本**。

另外，这种方法还可以用来计算销售行业中除采购成本以外的成本，以及服务行业中的服务成本。

此外，日本的政府机关、地方公共团体和医疗机构等也可以通过作业成本法来计算成本，以支撑自身的运营。

所谓“作业”指的是什么？

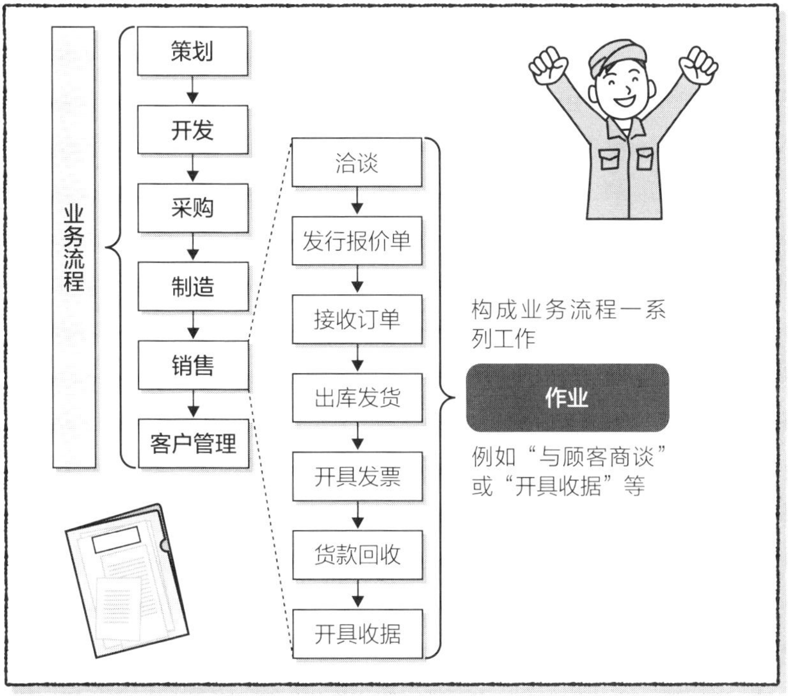

为什么作业成本法能够做到这些呢？

这在很大程度上取决于“作业”这一思考方式。每项作业都需要计算作业成本。比如开具一张收据需要花费300日元等。

这也太细致了！不过，我喜欢这样。因为只需看一眼就能够判断其性价比的好坏。

作业被认为是**“构成业务流程的一系列工作”**。在企业使用作业成本法时，首先要明确企业的业务流程，然后将其分解为更小的作业。

作业是以“对……进行……”的形式来定义的，因此我们可以通过统计进行该项作业所需的人工成本等要素来计算出整体的“作业成本”。

例如，为了销售产品A，从“与顾客洽谈”到“开具收据”，在对所有的活动成本进行统计之后便可以计算出产品A的销售成本。

● 对成本驱动也要有所了解

传统成本核算与作业成本法的另外一个不同之处就在于成本驱动的思考方式。

成本驱动和分摊标准不是一回事吗?

不是。

成本驱动与分摊标准的区别在于，**是否以直接的因果关系为标准**。

例如，在传统成本核算中，将工厂行政人员的人工成本分配给制造部门时，会以制造部门的人数作为分摊基准。

一般来说，人数越多业务量就越大，但工厂行政人员的人工成本与制造部门的人数并没有直接的因果关系。

与此不同，**作业成本法则是将行政人员的人工成本分摊到“开具收据”这一作业中，并以开具收据实际所需时间为基准**。换言之，就是将直接的因果关系作为成本驱动因素。成本驱动因素是作用于成本并使其发生变动的原因所在。

将成本统计至“作业”中

如何看待资源和成本对象这种思考方式？

作业成本法是按成本项目计算后再分摊于作业之中的吗？

作业是要消耗资源的。或许你又会认为我在说一些莫名其妙的话……

以往的成本核算是按成本项目、部门类别和产品类别这三大步骤来进行成本统计的。与此不同，作业成本法则是将成本统计过程分为“资源”“作业”和“成本对象”。

所谓“资源”是指进行作业所需的必要经营资源。**具体来说，就是指生产产品所需的材料、人工和设备等。**另外，为了进行统计而将其替换成金额的部分被称为“资源成本”。

资源成本和以往的成本核算一样，可以分为“材料成本”“人工成本”和“制造费用”，具体来说就是“原材料成本”“工资”“折旧费”和“租赁费”等一系列成本会计金额。

你可能会觉得这和之前的成本核算一样，其实不然。你看，在以往的成本核算中，直接成本和间接成本的分类是从按成本项目计算开始的吧？

作业成本法中不存在直接成本和间接成本的分类。

“策划”“开发”“销售”“客户管理”等一系列业务流程中包含的很多作业都会涉及资源的分配。

这就是所谓的**“作业消耗资源”**。

此时所使用的成本驱动就是“资源驱动”。例如，如果将行政人员的工资分配给销售环节的“开具收据”这一作业之中的话，那么行政人员的工作时间就是资源驱动因素。

同理，原材料成本中的数量和质量以及房屋折旧费等中的办公室占地面积也都是资源驱动因素。

根据资源驱动机制来对分摊于作业之中的资源成本进行统计的话，所得结果就是该项作业的作业成本。

就像是开具一张收据需要花费 300 日元吗？这好像跟性价比有关。

接着，就要将作业成本分配给“成本对象”。之所以将其称为“成本对象”，是因为并非只有产品才是唯一的成本对象。

一定单位的服务自不必说，就连业务流程和传统部门类别计算方式中的**部门也可以成为一个成本对象**。

此外，还可以按照地区、店铺、顾客、负责人等方式来将那些与成本统计过程无关的要素设定为成本对象。

在将作业成本分配给成本对象之时，需要使用“作业驱动”。这就是所谓的**“成本对象消耗作业”**。

咦？但是，既然作业成本已经被计算出来了，那么就不需要使用成本驱动并直接进行统计就可以了吧？

因为成本对象可以自由设定，所以仍然需要作业驱动。

例如，在负责人 B 将产品 A 销售给顾客 C 的情况下，我们需要思考“开具收据”这一作业。将产品、负责人、顾客中的哪一个作为成本对象，会直接影响到收据发放作业的开具数量。

因此，我们必须衡量该成本对象消耗了多少作业，并根据作业驱动要素来进行分配。

作业成本法的计算机制

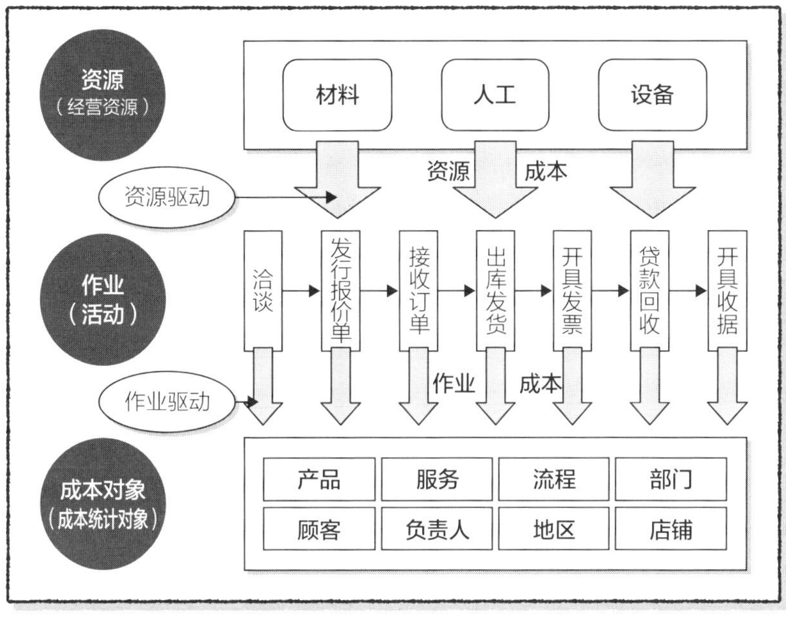
资源
（经营资源）
材料
人工
设备
资源
成本
资源驱动
作业
（活动）
洽谈
发行报价单
接收订单
出库发货
开具发票
贷款回收
开具收据
作业
成本
作业驱动
成本对象
（成本统计对象）
产品
服务
流程
部门
顾客
负责人
地区
店铺

通过“作业成本管理”来降低成本

“作业成本管理”指的是什么呢……

我再教你一个利用作业成本降低成本的方法吧！

降低成本吗？太好了，我最喜欢降价了。

虽说是降价，但并不是降低售价。

无论是什么，只要价格下降都是好事情！

● 对“作业成本法”和“作业成本管理”进行一下比较吧

作业成本管理（Activity-Based Management, ABM），就其内容而言，与其说它是成本管理，倒不如说是利用作业成本法的思维方式和计算过程来对企业整体进行经营管理的手法。

接下来，让我们来比较一下作业成本法和作业成本管理。

通过作业成本法可以了解到每个产品、每个部门及每个店铺将间接成本纳入计算范围之后的实际成本。这样一来，就可以对企业的业务进行重组，比如停止生产利润率较低的产品、积极投资利润率高的店铺以提高销售额。

这不是好事吗？除了作业成本法，还需要作业成本管理吗？

但是，在作业成本法中也存在一个问题。

实际上，通过作业成本法并不能发现作业本身的问题。因为这种方法根本不会检查每一项作业是否真的有必要，也不会检查每一项作业的效果是否与作业成本相匹配。

因此，仅仅使用作业成本法并不能够降低成本。

那太糟糕了。如果在不知不觉中做了无用功，那么工作的性价比就会降低。

……嗯，是这样的。于是这就轮到作业成本管理出场了。

作业成本管理会将作业本身作为问题。通过作业成本管理，我们可以检查该项作业是否有必要且实际应用程度如何。

●“作业成本管理将作业本身作为问题”是什么意思?

之所以能够做到这一点，是因为在使用作业成本法的过程中，企业的业务流程会逐渐变得明确，而作业和成本驱动因素的分析工作也得以完成。在其中，我们必然要对作业本身的问题进行检查。

例如，**如果存在某些没有必要或者使用频率较低的作业，那么就可以通过取消这些作业或者裁员等方式**来降低企业的成本。

例如，在企业间的交易中，如果选择以银行转账的方式来支付货款的话，实际上也有无须开具收据的情况。然而，如果你继续按照以前的习惯漫不经心地继续开具收据的话，就会……

开具一张收据的成本是 300 日元，如果一个月开具 100 张收据的话就是 3 万日元，一年就是 36 万日元。

你的计算速度可真快呀！如果废除这项作业的话，那么一年就可以节省 36 万日元的成本。

“作业成本管理”通过“作业成本法”来降低成本

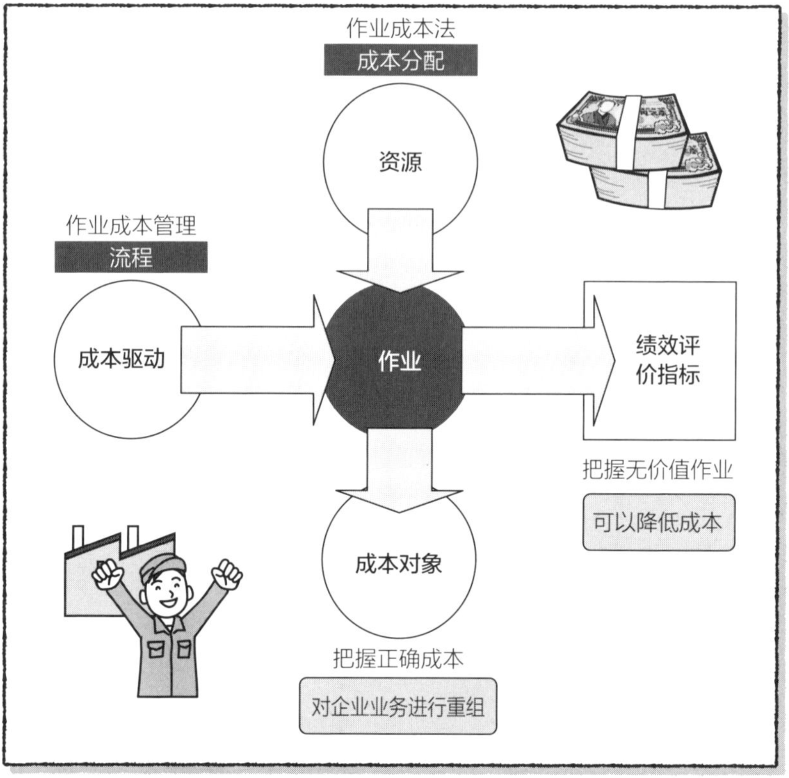

作业成本法

成本分配

资源

作业成本管理

流程

成本驱动

作业

绩效评价指标

成本对象

把握无价值作业

可以降低成本

把握正确成本

对企业业务进行重组

如此，在作业成本管理中会将“成本驱动→作业”这一流程称为**“作业成本流程”**。

另一方面，由于“作业成本的资源→作业→成本对象”这一流程的目标在于成本核算，所以它也被称为“成本分配流程”或者“成本汇总流程”。

从流程的视角来看，我们可以了解该项作业产生了多少成本以及为什么会产生这些成本。

那么，**成本驱动因素是什么，消耗的资源又是什么呢？按照这样的思考顺序，很快就能明白“绩效评价指标”这一概念了**。

换言之，绩效评价指标就是指为了降低成本而应该选择什么作为衡量尺度。

原来如此。因为单纯依靠作业成本法是无法降低成本的，因此要通过作业成本管理来降低成本。性价比固然重要，但降低成本也很重要呢！

作业成本管理通过这种方式使得全企业范围的成本降低成为可能。因此，现在越来越多的企业将用来准确掌握成本的作业成本法和用于降低成本的作业成本管理融为一体来进行综合运用。

另外，现在还出现了“作业预算管理”（Activity-Based Budgeting，ABB）一词。

在作业预算管理中，会以ABM和ABB的数据为基础，按照作业类别来制定预算并进行管理。

制定管理决策所需的成本

什么是“特殊成本调查”？

梅田老师！我直接跟副总经理讨论了成本核算的相关话题，他非常感动。另外，他还对我的角色转变感到非常吃惊。

通过直接成本核算改变角色吗？我不太明白是什么意思……那么，接下来我来谈一谈机会成本吧。

到目前为止，包括作业成本法在内的成本核算是每个月都要持续进行的环节。换言之，作为制度持续进行的成本核算 = 成本核算制度。

然而，**通过成本核算制度所得到的成本有时并不能作为数据发挥重要作用**。例如，在企业需要制订经营策略或者在特殊情况下需要作出管理决策的时候。

此时，我们可以通过开展不常进行的临时调查或计算来求得“差额成本”“机会成本”和“附加成本”等特殊成本。这些过程被称为“特殊成本调查”。

差额成本、机会成本、附加成本？什么时候会用到这些成本呢？

主要是用于管理者需要制定的一些特殊决策之时。

这不是很适合副总经理吗？待会儿我要告诉他！

一般情况下，我们主要是在需要制定经营决策的时候才会进行特殊成本调查。

例如，假设企业制订了在下一期开展新业务的计划，那么该计划一定会有备选方案。

比如，在不开展新业务的情况下拓展现有业务、建立其他新业务或者收购该业务领域的其他企业等。

在进行比较之后，我们必须从中选择并作出决策，而特殊成本调查则可以为决策的制定提供相关的成本数据。

因此，**从广义上讲，特殊成本调查也可以算作是一种成本核算**。然而，这种成本核算并不是持续进行的，而是根据特殊需要才开展的，因此不能被纳入成本核算制度的范围。

特殊成本调查与成本核算制度共同构成了成本核算的两大领域。

我想对特殊成本调查的成本进行一下简单说明。首先是只计算差额的成本。

只计算差额……您确定这样做真的好吗？

差额成本核算忽略了原定方案与替代方案共通的部分，并只对两者之间的差额进行计算。这在成本核算制度中是不被认可的，所以它属于典型的特殊成本调查之一。

例如，在决定追加生产某种产品时，会主动忽略不受追加生产影响的部分，而只对产生影响的部分进行计算，以此来对追加生产和不追加生产这两种情况进行比较。

与无差别的成本核算相比，它的优点是能够在短时间内得出计算结果，这有助于企业快速地作出决策。

接下来是机会成本，虽然你可能无法通过它的名字来联想到其内容。

机会成本？是为了得到机会而花费的成本吗？

什么是特殊成本调查?

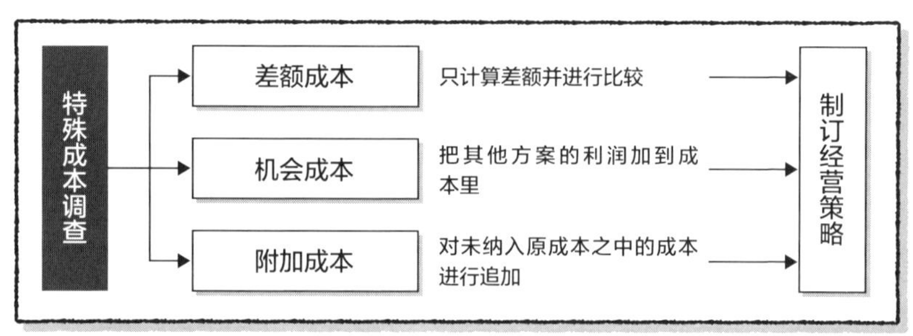

这些成本都意外地正中要害呀!

机会成本的思维方式是将其他替代方案所获得的利益作为其他方案的成本叠加在一起。因为选择其中任何一个方案，就意味着失去了其他替代方案所能够获得的利益。

这种计算方式经常用于从多个备选方案中选出最有利方案的情形之中。例如，当面对追加生产某项产品和不追加生产某项产品这两种方案之时，我们可以将追加生产后所得到的利润作为不追加生产该产品这一方案的成本来进行叠加，并由此来判断哪种方案更为有利。

第三个是附加成本，也就是不包含在成本之中的成本追加到成本之中。哎呀，你不要一脸茫然，要跟上我的节奏啊!

附加成本是指将没有实际支出且在成本核算中没有出现的成本追加到成本核算之中。

例如，企业在某个项目中使用自身所持有的土地之时，实际上并不会产生与土地相关的成本，但仍然可以在成本之中添加土地租赁费。因为如果该企业没有使用那块土地而选择出租的话，势必会产生一定的租金收入。

接下来，我们将对机会成本展开讨论。

预期损失不是利润，而是成本？

旨在选择最佳方案的“机会成本”思维方式

所谓机会成本，就是指追加备选方案之中的成本吧？

不对。是把备选方案中的利润加到成本之中。

哎呀，太麻烦了！明明是利润，为什么要给它起一个“成本”的名字？（啊，我在梅田老师面前吐露了内心真实想法，这样太不礼貌了。）

所谓机会成本，是指在选择某个方案之时，会从其他备选方案中获得一定的利润。

● 预期损失和机会成本之间的区别是什么？

选择了方案A就意味着要舍弃备选方案B，那么从B方案中所获得的利益也要被舍弃。

因此，**在决定选择方案A之时，我们要将选择方案B所获得的利润作为方案A的成本加以叠加，之后计算出方案A的利润并与方案B进行比较**——这就是“机会成本”的思维方式。

此时，这些成本从方案B的角度来看属于预期收益损失，但从方案A的角度来看实则是叠加成本，所以它被称为“机会成本”。

把应该得到的利益加到成本之中，这一点的确让人费解。您可以用比喻的方式来进行解释吗？

例如，惠子所在企业的工厂要在该地区举办活动，恰好此时有人询问能不能制作午餐三明治。

通过机会成本来进行计算

A方案 不接受订单（盈亏 0 日元） B方案 接受订单（利润 5 万日元）

选择 A 方案的话……

普通的计算方式

销售额 0 日元 - 成本增加值 0 日元 = 盈亏 0 日元

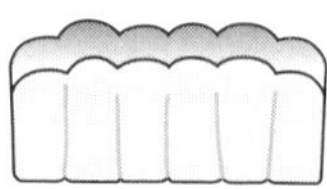

机会成本核算法

销售额增加值 0 日元 -（成本增加值 0 日元 + 机会成本 5 万日元）= 亏损 5 万日元

虽然接受这个订单可以获得 5 万日元的利润，但由于平时三明治的生产量并不多，所以必须要进行追加生产。那么，不接受订单和接受该订单时的盈亏状况又会如何呢？

如果接受订单的话，可以获得 5 万日元的利润。但是如果不接受订单也不会有任何损失，所以无须特意追加生产吧？

真的是这样吗？

假设将不接受订单的情况视为方案 A，接受订单的情况视作方案 B。在普通的成本核算中，选择方案 A 时的损失和利润都不会发生任何改变。因为销售额和成本都没有增加，所以盈亏的变化为零。因为这不会造成什么损失，所以有许多人会考虑选择不接受订单的方案 A。

那么，接下来让我们来计算一下机会成本吧。

按照机会成本的思维方式，我们要将方案 B 中应该获得的 5 万日元利润追加于成本之中。这样一来，在普通成本核算中原本为零的盈亏状态就出现 5 万日元的损失。如果选择不接受订单的方案 A，那么盈亏并非为零，而实际上是损失了 5 万日元。

5万日元？这放弃的利益太大了！

机会成本的好处就在于能够让人产生这种感觉。那么，我们接下来继续用机会成本来思考一下销售亏损的问题。

● 通过机会成本来思考销售亏损的问题

在销售亏损的问题上，经常会用到机会成本的思维方式。

前文中所提到的追加生产问题也可以称得上是一种销售亏损。但实际上，最常见的销售亏损问题是指由于断货而无法向顾客出售产品或者由材料库存不足导致的有订单却无法进行商品生产的现象。

特别是对于消费期限较短的食品而言，生产量过少会导致销售亏损，而生产量过多同样会导致销售亏损的状况出现。因此，确定产品生产量就变得棘手了。

那么问题就来了。假设有一天贵公司预计面包的销售量为100千克，结果当天顾客们的购买量为150千克。这种情况下，盈亏状况是怎样的呢？

面包必须在当天售完。通常情况下，当天把制作的100千克面包全部售出后，我们都会感到特别高兴。但此时还需要考虑机会成本吧？

就是这么回事。

按一般的成本核算方式，工厂生产的100千克面包全部售出并获得了相应的利润，这的确是一件好事。

然而，如果从机会成本的角度来看，由于当天顾客们的购买量为150千克，那么由于产品不足而无法售出的50千克就是机会成本。因为我们除了制定生产100千克面包这一方案，也还可以制定生产150

千克面包的方案。假设生产100千克面包的方案为A，生产150千克面包的方案为B，那么选择B方案后所得到的50千克面包利润就是机会成本。

● 因生产过剩而导致产品积压

那么，我们继续讨论这个话题。假如有一天贵公司生产了150千克面包，但因为下雨导致销路不畅，最终造成了产品积压。如果想以成本一半的价格廉价销售的话，那么此时的盈亏状况如何呢？

如果售价低于成本的话就太危险了！因为卖得越多，亏损就越多。

那倒也不是。

假设不选择低价出售为A方案，选择低价出售为B方案。从机会成本的角度来看，如果选择B方案的话，那么低价销售部分必定会获得一定的利润。而这些利润在A方案中就是机会成本。

在B方案中，由于售价低于成本，所以看起来似乎没有利润可言，但利润是用销售额减去成本之后所得到的结果。无论产品的销售状况如何，产品制作部分的成本都不会发生改变。因此，即使以低价来销售，只要销售额能够提高，那么利润也必然会增加。

然而，如果选择A方案并以正常价格销售，当天或许也有一定的销量。在这种情况下，A方案中所产生的利润于B方案而言就属于机会成本的范畴。

换言之，**选择的关键在于要能够准确地预测出原价销售或降价销售哪种利润更大**。这就意味着低于成本的销售方式并非无奈之举。

产品（面包）掉落在地上时的机会成本是多少？

接下来是稍微简单的问题。假设你把 0.5 千克准备销售的面包掉在了地上，那么此时的机会成本是多少？

我不会把面包弄掉的……我想说的是，这是一个机会成本的问题吧？如果这 0.5 千克面包没有掉在地上且正常售出的话，那么其所产生的利润就是机会成本吧？

回答正确。假设面包落地是 A 方案，面包没有落地是 B 方案，那么这 0.5 千克面包没有落地时所得到相应利润就是 A 方案中的机会成本。

这简直太棒了！机会成本真是厉害啊！

是啊！

那么如果生产数量过多的话，又会如何呢？

● 比起机会成本的计算，更重要的是要理解其思维方式

假设工厂预测能够售出面包 125 千克，结果前来购物的顾客们只购买了 100 千克。

那么这种情况下所发生的不是机会成本，而是真正的损失。因为过了保质期的面包只能丢弃，那么销售积压的 25 千克面包就成了真正的损失。

那么，如果有人把 0.5 千克积压的面包掉在地上的话会怎么样呢？

此时，假设这 0.5 千克面包没有掉在地上，也不会产生本应获得的利润。因为生产过量的面包必定会被丢弃，所以即便没有掉落在地，其利润也已经受到了损害。

因此，无论这 0.5 千克面包有没有掉在地上，我们都可以将其看作是真正的损失。

综上所述，机会成本的思维方式颇为复杂的。但是，比起机会

成本的计算，更重要的是理解机会成本的思维方式。这样一来，我们在必须作出某项决定的时候，就会自然而然地考虑到机会成本。

是啊。不仅仅是机会成本，就连作业成本法、直接成本核算、标准成本核算和那个稍微复杂的实际成本核算都理应如此。只要我们把握了这样方法所蕴含的思维方式，那么在必要之时就能够回想起它们。

即使我们忘记了详细的计算过程和分类方法，也一定会对工作有所帮助。

希望我在本书中所讲的内容，能够对各位读者的工作有所帮助。

●第5章总结●

（1）作业成本法不仅可以计算生产成本，而且还可以计算服务成本等。

（2）作业成本法通过“成本驱动”，按照从“资源”到“作业”、从“作业”到“成本对象”的顺序来对成本进行分配。

（3）成本驱动和作业是作业成本法的最大特点。

（4）使用作业成本法的作业成本管理可以降低那些仅靠作业成本法无法降低的成本。

（5）“特殊成本调查”与成本核算制度不同，其主要是为了制定管理决策而进行的成本核算。

（6）“机会成本”是特殊成本调查的一种，其主旨是从多个方案中选择最有利的方案。

惠子的后记

感谢您一直阅读到最后。您觉得我的自我探索——不对，是成本话题之旅如何呢？我可是从中学到了很多知识呢！

在绪论部分，我向总经理办公室主任询问了副总经理的情况，但不知为何，话题却转到了“成本”上。当时的我并不知道有广义的成本和狭义的成本之分。

但是，因为成本涉及的部门较多，总经理办公室主任推荐我去请教行政经理。从那时开始，我就开始了寻找成本之旅。

在第 1 章中，曾是工厂员工的行政经理向我介绍了成本的内容，并告诉我“成本三要素”，即“材料成本”“人工成本”和“生产成本”，且它们是把握成本问题的关键。

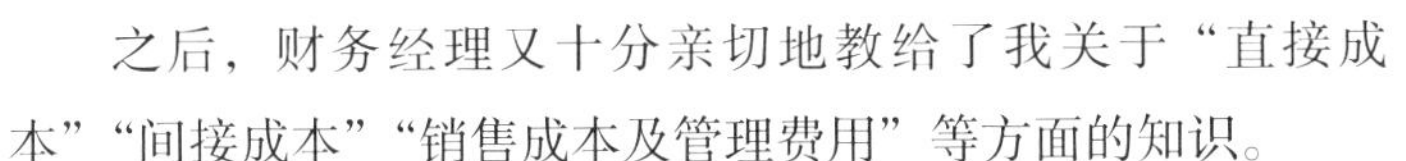

之后，财务经理又十分亲切地教给了我关于“直接成本”“间接成本”“销售成本及管理费用”等方面的知识。

第 2 章的内容是“成本核算”，所以我就去向工厂厂长请教。厂长给我讲解了计算材料成本的事，而关于人工成本的内容，他推荐我去请教人力资源经理。

人力资源经理解释了如何进行人工成本的计算。关于生产成本的计算问题，他推荐我去请教生产经理。

在第 3 章中，生产经理通过成本核算给我做了详细的展示。“按成本项目进行计算”“按部门计算”“按产品计算”……生产经理说起话来滔滔不绝。他还讲了该如何计算“单位成本”，之后又谈到了“半成品”……不过多亏了他，我才对成本核算有了深刻的印象，并对有关成本的整体情况有了一定程度的了解。

在第 4 章中，我满怀自信地向副总经理提出了建议。这些都是我从生产经理借给我的书中学到的知识。副总经理觉得可用来管理成本的“标准成本核算”听起来非常无聊。这种对成本漠不关心的态度真令人感到遗憾！但是，“直接成本核算”的内容却让他大为震动。毕竟，能够准确地预测销售额和利润简直就像是一种魔术。

之后我们还讨论了“盈亏平衡点分析”。这是副总经理作为下一任总经理所必须掌握的知识。

另外，他还请来了税务顾问。

最后一章是税务顾问梅田老师所讲的关于新型成本核算的方式。然而，关于成本核算的“作业成本法”和关于成本管理的“作业成本管理”，尽管被称为新型计算方式，但其实它们在我出生之前就已经出现了。

另外，他还给我讲解了为确定决策而进行的成本核算，即“特殊成本调查”。对了，下次我一定要把这些知识告诉副总经理。最后，“机会成本”这一话题是关于如何选择最佳销售方案的，因此必定会对副总经理大有裨益。

最后，我要对各位读者一直以来的陪伴表示感谢。我希望我在这本书中所讲的内容能够对大家的工作有所帮助。我们下次再会！